またまたワルの知恵本

人生の達人研究会[編]

河出書房新社

人生を強く、図太く生きぬくためのアドバイス●まえがき

「人間関係がうまくいかない」「人を説得できない」「いくらがんばっても仕事で結果が出せない」……そんな悩みを抱《かか》える人は多い。が、それは、知らず知らずのうちにあなた自身が人につけこまれたり、利用されたりした結果なのかもしれない。

この本には、相手の本心を見抜き、人の心をあやつる技術が書いてある。それらは、心理学という「科学」にもとづいたテクニックである。

人の気持ちや行動は、自分でも意識しない深層《しんそう》心理に突き動かされている。そこに狙《ねら》いをしぼって働きかければ、人をたやすく操作できる。

相手の本性や弱点を見抜き、それを逆手《さかて》にとって狙いどおりに動かすにはどうすればいいか？　相手がそれと気づかぬうちにプレッシャーを与え、意見を変えさせ、こちらに沿《そ》うように誘導《ゆうどう》する方法は？　…本書は、そんな図太《ずぶと》く、たくましい生き方をめざすあなたへのアドバイス集だ。

また、男女の色恋《いろこい》のテクニックについても紹介した。女ギツネとタヌキ男が化《ば》かしあう恋愛こそ、ワルの知恵がもっとも要求されるからだ。

この本で、実生活に使える心理学の知恵を身につけ、あなたの密《ひそ》かな願望を叶《かな》えるため、みずからを防衛するため、また、人間観察のネタとして、フルにご活用していただければ幸いである。

人生の達人研究会

またまたワルの知恵本／もくじ

1 煮えきらない人に「即決」させる、これが奥の手

必ず「YES」と言わせるワルの知恵――

4 身勝手な一匹狼、じつは「孤立」にすごく弱い

相手を封じこめるワルの知恵——

5 女を惹きつける「男の武器」はズバリ！この匂い

次々と女を落とすワル男の知恵——

7

まわりを手なずけるワルの知恵——

人気を独り占めできる巧妙すぎる「自己演出」術

8

しぐさから心を見透かすワルの知恵——

この「話し方のクセ」で相手の思惑が丸わかり

カバーイラスト●武田秀雄
本文イラスト●檜喜八
●皆川幸輝
●種村国夫
●大川清介
協力●オフィスGEN
●エディターズワーク
装幀●石井理恵

1

煮えきらない人に「即決」させる、これが奥の手

必ず「YES」と言わせるワルの知恵――

「大きな要求」をいつの間にかに呑ませる知恵

「高額の英会話学習教材を買わされた」「高額のエステサロンの会員にされてしまった」と、詐欺《さぎ》まがい商法に引っかかる人は少なくない。

なぜ、そんなバカな契約をしてしまうのか不思議にも思うが、そこは売り手側もプロである。人間心理の勘《かん》どころを心得て、あらゆる心理テクニックを駆使《くし》してせまってくるのだ。

その一つが「フット・イン・ザ・ドア」というテクニックである。これは、セールスマンが使う古典的テクニックで、まず小さな要求をのませ、やがて大きなイエスを引きだすという手法だ。

「フット・イン・ザ・ドア」とは「（まず）ドアに足を入れる」という意味で、ささいな要求をまず通してしまえば、あとで大きな要求を通しやすくなるという意味が含まれている。英会話学習の教材やエステサロンなどの勧誘にも、このテクニックが応用されている。

まず、街頭で声をかけ、「ほんの二、三分ですみますから」と簡単なアンケートに答えてもらう。回答してもらったら、つぎに「もうすこしくわしくお聞きしたいので、事務所までできてもらえませんか」と依頼する。このとき、「二、三分のアンケート」という小さな承諾《しょうだく》をした相手は、すでに「事務所へ行く」という頼みを受け入れやすくなっている。

そして、事務所に行くという頼みをＯＫ

した相手は、今度は「商品を買う」という頼みにもイエスといいやすくなる。こうした小さなイエスの連続のなか、あとで考えると「しまった」と思う契約書にも、サインしてしまうのである。

　こうした人間心理は、フリードマンとフレイザーが行なった心理実験でも確かめられている。主婦一五六人を対象としたもので、最終的に「五〜六人の男性調査員が家を二時間ほど訪れ、その家で使っている品物を分類調査する」という、かなり面倒な要求に応じてもらえるかを調べたのだ。

　この要求にあたって、以下の四つの方法がとられた。

①まず電話で、「消費者向けのパンフレットを作っているのですが、あなたが使っている家庭用品の調査に協力していただけますか」と依頼する。承諾した主婦には家庭用石けんについての簡単な質問を行ない、その三日後、今度は「五〜六人の男性が家に出向いて調査したい」という〝大きな〟依頼を行なう。

②電話で、①と同じ要求をするが、石けんについての質問はしない。いきなり、その三日後、五〜六人の男性が訪問して調査したい旨《むね》を述べる。

③自分たちが消費者向けのパンフレット

を作っていることは述べるが、その話をするだけで石けんについての調査は頼まない。ただし、電話で話す時間は、①や②よりも長くする。その三日後に、男性たちの訪問に関する依頼を行なう。

④最初の電話で、男性たちが家を訪問し、分類・調査したいと依頼する。

以上の四パターンで依頼し、主婦たちが「五〜六人の男性調査員が家を二時間ほど訪れ、分類調査する」という要求をOKするかどうかを調べたのだ。

すると、結果は、最初に石けんに関する質問に答えた主婦が、三日後の〝大きな要求〟もOKする確率がもっとも高く、全体の五二・八%が承諾した。②の最初に協力を要請《ようせい》するが、質問はしなかった場合は承諾率三三・三%、③の自己紹介をしただけの場合は二七・三%、④のいきなり〝大きな要求〟をした場合は二二・二%だった。

やはり、最初に〝小さな要求〟をのんだ主婦ほど、あとの〝大きな要求〟にもOKしやすかったというわけである。

というわけで、「これはちょっと無理かな」と思える要求を人にするときは、その前にまず簡単な頼みごとをしてOKさせるといいということになる。それをOKさせればしめたもので、つぎの大きな要求ものませやすくなる。

頼みごとは、「急がば回れ」方式が効果的なのである。

嫌がられる役目を引き受けてもらうコツ

世の中には、誰もがあまり引き受けたが

らない仕事がある。ＰＴＡの役員、社員旅行の幹事などはその代表だろう。時間をとられて面倒ということもあるし、もし何かあったときに責任をとるのも大変だ。そんなわけで、みんな「いえ、私はちょっと……」と腰が引けるのである。

そんなとき、「そうおっしゃらずに、引き受けてくださいよ」と強引に頼むと、逆効果になりやすい。無理強《じ》いすればするほど、相手はかたくなになって、「親の介護《かいご》があって」とか「その日は仕事の打ち合わせが入っていて」と、できない理由をあれこれ並べるだろう。

むしろ、そんなときは無理に頼まず、相手に下駄《げた》をあずけてしまうのも手である。「じゃあ、後日連絡しますから、しばらく考えてみていただけませんか」といって、引き下がるのだ。

そんなことをすれば、ますます断《ことわ》る口実《こうじつ》を考える時間を与えそうだが、じつはそうではない。そのほうが、色よい返事をもらえる確率は高まるのである。

というのは、人は考える時間をたっぷり与えられたほうが、ＯＫの方向に思考が向かいやすくなる。これは記憶のメカニズムと関係していて、人は何かを記憶するとき、まずそれを好きか嫌いかに分類する。脳のなかにインプットするには、そういう分類が必要なのだ。

しかし、人間心理はコンピュータのような二進法ではない。たいていの事柄には「好き」な部分と「嫌い」な部分の両面がある。たとえ「無理です」といっていたＰＴＡの役員でも、すこしは「やってみたい」という部分があるものだ。「先生と親しくなると、なにかと得かもしれない」「友人が増えるかもしれない」「誰かが引き受けないと、けっきょく困るのは子ども」といったものである。もちろん、「面倒だ」「時間がない」などという「嫌い」な部分もある。

そこで決断までに時間を与えられると、脳のなかでそれらの要素がさらに分類・整理されていくうちに、「嫌い」な部分の印象はだんだんに薄《うす》らぎ、逆に「好き」な部分にたいする気持ちは強くなりやすい。

つまり、「しばらく考えてくれませんか」と時間を与えられると、その面倒な仕事にたいする「好き」の部分が大きくなり、しだいに「引き受けてもいいかな」という気分になってくるのである。

だから、相手にすこしでも「好き」という部分が見えるようなら、時間が許すかぎり相手に下駄をあずけ、考える時間を与えればいい。そうすると、相手の気持ちをOKの方向へコントロールできる確率が高まるのである。

頼みごとをするときは「天気」を味方にせよ

サラリーマンが「今日は雨だから、やる気が出ない」といって会社を休めば、上司から怒鳴られることは間違いない。雨や風に関係なく働くのが、サラリーマンの常識だ。

だが、雨など天候の悪い日には、とたんに能率が落ちる仕事もある。たとえば、アンケート調査など、屋外で頼みごとをする仕事である。そういう天候の日には、相手からOKをもらえる率が格段に低くなるのだ。

そんなことを調査したのは、アメリカの心理学者カニンガム。彼は、さまざまな天気の日に屋外で頼みごとをしたとき、相手がどれくらい承諾してくれるかを調査した。その結果、季節や天候によって、承諾率には大きな違いが出た。

たとえば、夏の場合は、承諾率が高かったのは晴れの日で、とくに気圧の高いとき、風が吹いているときに承諾してもらえるケースが多かった。

いっぽう、晴れていても気温が高すぎたり、湿度が高い日には承諾率が下がった。また、満月に近い日は承諾率が低くなるという結果が出た。

いっぽう、冬は、やはり晴れた日、なかでも気温の高い日の承諾率が高かった。おもしろいのは、このとき、女性ほど承諾率が高くなった点である。冬、とくに女性に頼みごとをするなら、比較的気温の高い日を選ぶといいわけだ。

逆に承諾率が低かったのは、湿度が高い日と風の強い日で、夏と同じく、満月の日の承諾率は低くなった。

もっとも、これは屋外で、知らない人に頼みごとをする場合の話で、相手が違うと話も違ってくるだろう。たとえば、日本人の場合、人にどうしても聞き入れてほしい頼みごとをする場合は、悪天候の日を選んだほうがいいかもしれない。

たとえば、どうしてもお金を貸してほしいとか、成立させたい取引があるときだ。こういうときは、晴れた日を選ぶよりも、雨の日や風の強い日など天候の悪い日を選んだほうがいいだろう。

そんな悪天候をおして訪ねてこられると、相手は「こんな日にわざわざ来てもらって、申し訳ない」という気持ちになる。そこに負い目が生まれ、頼みごとを引き受けないと悪いような気がしてくるのだ。

もちろん、悪天候のなかをおして訪問すれば、「自分には、どうしてもあなたに会いたかった理由があります」という、せっぱつまった思いを伝えることもできる。そこから、相手の情を引きだせるというわけだ。

そう考えると、天気に応じて仕事や頼みごとの内容を変えられる人が、本物の交《こう》渉《しょう》上手といえそうだ。

「借りを返さなくては」と思わせれば相手はこちらを裏切れなくなる

相手に小さな貸しをつくっておくと、それが相手にとっては〝弱み〟になり、その後大きな要求をのませやすくなるというのは、つぎの心理実験で確かめられている。

リーガンの行なった実験で、二人ずつペアを組んで、絵画を見て歩いてもらう。このとき、一人はサクラで、もう一人が被験《ひけん》者《しゃ》である。

このときの行動に、二つのパターンをつくる。一つは、休憩《きゅうけい》時間のとき、サクラの助手が自分のぶんだけでなく、被験者のぶんもいっしょにコーラを買ってくる。もう一つは、休憩時間に何も買ってこないというものである。

そして、絵画を見終わったあと、サクラは被験者に「くじ引きつきのチケットを何枚でもいいから、できるだけ多く買ってくれないか」と頼む。このとき、何枚買ってくれるかを調査したのだ。

結果は、コーラを買ってきてもらった被験者のほうが、コーラを買ってもらわなかった被験者にくらべて、二倍のチケットを買った。「コーラを買ってきてもらった」という小さな負い目が、より多くのチケットを買おうという気持ちにつながったのである。

こうした人間心理は「返報性のルール」とよばれる。人間は人から受けた恩や借りは、なるべく返したいと思うものなのだ。

たとえば、バレンタインデーや誕生日に、生命保険のおばちゃんがチョコをプレゼントしてくれるのもそうである。その返報として、保険に入ってくれることをおばちゃんたちは狙っているわけだ。

逆にいえば、機会があるたびに、相手にはできるだけ小さな恩を売っておくと、その後なにかと好都合だといえる。

出張のみやげ、誕生日のプレゼント、仕事のちょっとした手伝いなど、なにかと貸しをつくっておけば、いざというとき、相手はこちらの要求をのまざるをえなくなるのだ。

煮えきらない人に「即決」させる、これが奥の手

デパートなどの紳士《しんし》服コーナーでは、彼女といっしょに服を選んでいる男性が少なくない。自分だけでは、どの服がいいか決められないので、彼女に見立ててもらおうというわけだ。

このとき、カップルの行動パターンは大きく二通りに分かれる。一つは、二人であれこれ探しているが、なかなか決まらないカップル。もう一つは、すぐに気に入った服を見つけ、さっさと買っていくカップルである。

なかなか決まらないカップルを見ていると、彼女が「この服は？」と聞くのだが、彼氏のほうが煮えきらない。「うーん、どうかなあ」といいながら、いいとも悪いともいわない。別の服を彼女が見せても、やはり「うーん」といって、黙《だま》ってしまう。そんなことをくり返して、けっきょく買う服が決まらないのだ。

いっぽう、すぐ決まるカップルを見ると、彼女がまず二、三種類の服を選んでしまう。「こっちの服とこっちの服なら、どっちがいい？」といった具合である。

また、「赤と青はどっちがいい？」「エリがあるこっちと、エリがないこっちでは、どっちがいい？」などと、条件を提示してどちらかを選ばせていく。

そうして、服の条件をどんどんしぼっていき、最後にはやはり二つくらい残して、「どっちがいい？」と決めさせるのだ。これで、買う服が決まり、めでたしめでたし

で帰っていく。

この明確な選択肢《し》から選ばせるのは、優《ゆう》柔不断《じゅうふだん》な人に意思決定させるのに効果的な方法だ。優柔不断な人間に何かを決定させるときは、「どれにしますか」ではなく、「○○と△△のどちらになさいますか」と聞くと、決断が早まるわけだ。

また、この方法には、一つの心理トリックが隠《かく》されている。

このやり方だと、決めた男性は、彼女に「決めてもらった」のではなく、「自分で決めた」と思うのである。

「彼女に決めてもらった」というのでは、「洋服も自分で選べない」という気持ちに

なる。ところが、二者択一《にしゃたくいつ》方式にすると、実際には彼女が選んでいても、本人は「自分で決めた」と錯覚《さっかく》できる。本人のプライドは傷つかないわけで、ますますめでたしめでたしなのである。

このやり方は、熟練した販売員がよく使う手でもある。「これがお似合いですよ」と販売員が決めてしまったのでは、なんだか押しつけられたようで、お客はいい気がしない。それを「これと、これのどちらになさいますか」といわれて決めると、いかにも自分で選んだ気になって、お客は納得して買うことができるのである。

意見を通したいなら「権威のカサ」をこう使え

「権威《けんい》をカサに着る」というと、一般的には悪いイメージがある。父親がエライから、東大卒だからとえらそうにふるまう人間にたいして、周囲の評価は厳しい。

ところが、人と議論をする場合には、この「権威をカサに着る」方法は、大きな効果を発揮する。

たとえば、商品をプレゼンテーションする場合である。たんに「この商品は、かならず売れます」と自分の考えを主張するよりも、「電通の発表した今年のトレンドによると」「ハーバード大学の○○教授の△△理論では」などと、権威をカサに着たほうが、クライアントを説得しやすくなる。

友人と行なう床屋政談でも、たんに「いまの不況対策は、なっちゃいない」というより、「竹中平蔵もいっていたけどさァ」と権威の力を借りたほうが、なんとなく説得力をもつものだ。友人は「知ったかぶりをしやがって」と思いながらも、有名な識者《しきしゃ》の意見をカサに着られると、なかなか反論できなくなる。

こういう効果について、つぎのような心理実験がある。心理学者のアロンソンが行なったもので、アメリカの学生に素人《しろうと》が書いたヘタクソな詩を読ませるのである。その後、その詩についての評論ということで、学生を二グループに分け、それぞれイギリスの著名な詩人T・S・エリオットが書いた評論、学生が書いた評論を読ませる。ただし、その文章をT・S・エリオットが書いたというのは、まったくのデタラメである。

そして評論の内容は、一つはその詩を高く評価したもの、もう一つはその詩をけなしたものにしておく。それを学生に読ませて、ヘタクソな詩にたいする感想を聞いたのである。

すると、結果は予想どおり、高く評価した評論をエリオットが書いたことにすると、それを読んだ学生は、その詩をほめる傾向が強かった。たとえ、自分にとってはチンプンカンプンな詩であっても、T・S・エリオットという〝権威〟のいうことだから、「きっといい詩なんだろう」と評価してしまうわけである。

こういう人間心理を知っていれば、議論に勝つ方法は比較的簡単である。相手が尊敬しているような権威の名前をタイムリーにもちだし、「彼もこういっている」といえばよい。それが相手も一目置いている権威のセリフであるほど、相手の意見に与える影響力は大きくなる。はじめは違う考えだったとしても、相手は自分の意見に自信がなくなり、こちらの意見のほうが正しいと思いはじめるのだ。

会議で自分を印象づける発言のベスト・タイミングとは

オリンピックの体操競技を見ていると、最初に演技する選手にいい点がつくことはまずない。解説者も、「一番手の選手は不利ですよねえ」などというものだ。

これは、最初の選手の演技が、その大会での基準となりやすいからだ。

二番目以降の選手は、最初の選手の演技とくらべて、いい悪いが判断される。その間、最初の選手の印象はだんだん薄《うす》くなり、あとにくる選手のほうが強い印象として残る。実際には同じような演技でも、最初の選手よりも後半の選手のほうがうまいような気がして、高い点数になりやすいのである。

同じようなことは、会議にもいえ、最後に発言した人の意見は、その会議でもっとも支持を得やすくなる。これはアメリカの心理学者N・H・アンダーソンの行なった実験でも証明されている。

ある事件を素材にした模擬《もぎ》裁判を行ない、証言の順番によって陪審員《ばいしんいん》の判断がどう変化するかを調べた実験だ。

その実験では、弁護側から六つ、検事側から六つの証言を出し、不公平にならないよう、文章の長さはどの証言も同じになっている。そうして証言の順番を、二通りのやり方でそれぞれ別の陪審員に聞かせたのだ。

一つは、弁護側から二人の証人を出し、つぎに検事側から二人の証人を出す。その後また弁護側から二人の証人を出しと、交互に二人ずつ証言していく。

もう一つは、先にいっぽうの側から六人続けて証人を出し、その後、もういっぽうの側から六人続けて証人を出すというものである。

いずれの場合も陪審員は、最後に証言した側を支持する方向に傾《かたむ》いた。つまり、最後に示される意見ほど印象に残りやすく、周囲からの支持を受けやすいのである。

そう考えると、会議でも最初に出た意見は、最終的には支持を得にくいことになる。自分の意見を通したいときには、もっとも主張したいことは最後までとっておき、そろそろ終了という間際になって、こぞとばかりに発言すればいい。すると、参加者たちは、その発言を支持し、賛同する可能性が高いのだ。

「そんな話は聞いていない」と後になって言わせない方法

「釣った魚にエサはやらない」といわれるが、たしかに結婚前と結婚後で態度が変わる男性がいるものだ。結婚前は、毎週のように高級レストランに連れていってくれた。また、服装や髪形をよくほめてくれたのに、結婚したとたん、そうしたサービスはいっさいなくなる——。

平日は残業ばかりで帰りが遅く、土日は家でゴロゴロ。髪形を変えても、いっこうに気づいてくれない。そんな夫の態度を見て、「私のことを家政婦だと思っているのネ」と憤《いきどお》り、はては実家に帰ったり、離婚を切りだしたりする妻もいる。すると今度は、夫が驚くことになるわけだが、これは、はっきりいって、女性心理を理解していない男性側の〝作戦ミス〟である。

男性とすれば、「結婚したら、いままでのような恋人気分ではいられない」「家庭を守るためには、もっと働く必要がある」など、言い分があるだろう。だが、女性は、結婚する前に、そんな話を聞かされていない。それなのに、夫の態度がガラッと変わることに、不信感を抱《いだ》くのだ。

たとえば、結婚前につぎのように話しておけば、事態は変わっていただろう。「オレの父親はモーレツ社員だったから、オレも結婚したらそうなるだろうな」「結婚したら、ウチの会社は人使いが荒くなるんだ」などと話しておく。結婚後に予想されるマイナス情報をあらかじめ伝えておけば、女性のほうにも覚悟ができ、結婚後、夫の態度が変化しても、理解しようとするのだ。

あらかじめマイナス情報を与えておくと、相手も気持ちの準備ができ、いざマイナス場面に直面したときに受け入れやすくなる。これを、インフルエンザなどの予防接種にたとえて、心理学では「接種理論」とよぶ。

もちろん、これは男女のあいだだけの話ではない。たとえば、商談のさい、プラス情報ばかり伝えて話を進めると、いざマイナス情報が知られたとき、相手は「そんな話は聞いてない」と血相《けっそう》を変えることになる。その商談全体や商談相手への不信感につながり、「この話はなかったことに」となりやすい。

それよりも、こちらからあらかじめマイナス情報を伝え、「このマイナスはこうやってカバーします」と、その対応策も伝えておく。そうすれば、途中でマイナス情報が発覚しても、相手も〝免疫《めんえき》〟のあるぶん、落ち着いて反応し、それがもとで破談になる心配はなくなるわけだ。

ずうずうしいお願いがOKになる頼み方

街頭募金で寄付を求められたとき、すぐに立ち止まって募金箱にお金を入れる人は少ないだろう。たいていの人は、引き止められないように、足早に募金箱の前を通り過ぎていく。

だが、そんなとき「一円でもいいですから」といわれると、つい「入れようかな」という気持ちが起きるものだ。いまどき、一円では何も買えないし、道で落としても気づかない金額だ。「一円でも欲しいくらいに困っているのか」という同情心が起きるかもしれない。

だが、いざ募金するとなると、「本当に一円でいいだろうか」という気持ちが起きてくる。「どうせなら、一〇〇円入れたほうがいいのではないか。さっきパチンコで勝ったから、五〇〇円入れようか」といった気持ちが芽生えることもあるだろう。

これは、「一円でもいいですから」とひじょうに小さな金額を聞いたことで、寄付するという行為への心理的抵抗が緩和《かんわ》されたためだ。いったん、心理的抵抗がなくなると、人は求められた以上の負担にも、抵抗感がなくなっていくのだ。

このことは、実験でも確かめられている。アメリカのチアルディニとシュレーダーが行なったもので、ガン協会から来たと名乗る男女二人組が家庭訪問し、寄付を頼むというものだ。このときの頼み方には二通りあり、一つは「いくらか寄付していただけませんか」というもので、もう一つは「一セントでもけっこうですから、寄付していただけませんか」というもの。

こうして、それぞれ四二軒ずつ訪問したのだが、両者の頼み方にはつぎのような違いが見られた。

前者の頼み方では、寄付に応じてくれたのが一二軒で、全体の二九%だった。寄付金の総額は一八ドル五五セントで、一軒あたりにすると一ドル五四セントである。

いっぽう、「一セントでもけっこうですから」と頼んだほうは、前者の倍近い二一軒の家が寄付に応じてくれた。寄付金の合計は三〇ドル三四セントで、一軒あたり平均は一ドル四四セントだった。

一軒あたりの寄付金額には大きな違いがなかったが、応じてくれる軒数には倍近い差が生じたのだ。これは「一セントでも」といわれることで、寄付にたいする心理的抵抗が少なくなったからと考えられるだろう。そして、「一セントでも」といわれながらも、現実には一ドル程度の寄付をする人が多かったというわけだ。

もっとも、この「〇〇でもけっこうですから」というときの金額は、いくらでもいいわけではない。この実験では、後日、「一ドルでもけっこうですから、寄付していただけませんか」と頼むケースも加えられた。

結果は、「一セントでもけっこうですから」と頼んだ場合とくらべて、寄付に応じてくれた家庭は急減し、「いくらでもけっこうですから」と頼んだ場合と、ほぼ同数だった。

これは「一ドル」という金額では、心理的抵抗をなくす効果がなかったからと考えられる。「〇〇でもけっこうですから」と頼むときは、相手から「えっ、そんなに安くてもいいの」と思わせることが大事なのである。

むろん、これはお金以外のケースでも同様のことがいえる。

好きな女性にたいして、いきなり「つきあってください」といっても、相手はOKしにくい。最初は、「いっしょに昼ご飯でも食べませんか」「コーヒーでもいかがですか」という低いハードルで、心理的抵抗をなくしておく。すると、後日、夕食、ドライブに行くといったOKも、引きだしやすくなるのである。

インテリを説得するにはこの情報を加えよ

大手書店の店員によると、お客から本の内容を質問されたとき、答え方にはコツがあるという。そのとき、「いま売れている本で、評判もいいですよ」というと、その本をすぐに買っていくお客は案外少ないそうだ。

ところが、「男性の評判はいまひとつですが、女性はよく買われますね」とか「専門書にしてはあっさりしていますが、入門書としてはいいですよ」などと、あえてマイナスの情報も入れて説明すると、多くの人が買っていくという。

欠点も説明したほうが売れるというのも不思議な話だが、じつはこれは人間心理をうまくついたセールストークといえる。マクガイヤーとパパショーンズという心理学者が行なった実験からも説明がつく。

マクガイヤーらは、イリノイ大学の学生を二グループに分け、つぎのような文章を読ませた。

いっぽうには「食後に歯を磨くべき」「病気の兆候《ちょうこう》を発見するには、定期検診を受けるべき」といった内容のものを読ませ、もう一つのグループには以上の文章に加えて、その意見に反対する意見、つまりマイナス情報も同時に読ませた。

読み終えた直後に感想を聞くと、どちらのグループも大半の学生が「食後に歯を磨くべき」という意見に賛同した。

話は、ここからである。その二日後、両方のグループに先の内容にたいする反論を読ませた。それから意見を聞くと、初日にマイナス情報を読んでいたグループでは、意見を変える学生はいなかった。ところが、マイナス情報を読んでいなかったグループからは、意見を変える学生が続出したのである。

最初からマイナス情報を与えられた学生たちは、マイナス面を知ったうえで意見に賛同しているから、その後も意見は揺るがない。しかし、マイナス情報を知らなかった学生たちは、あらたなマイナス情報を与えられると、簡単に意見がぐらついたのだ。つまり、人間は、最初からマイナス情報を与えられたほうが、確固とした意見や判断をもてるというわけである。

もっとも、こういうマイナス情報は、誰にたいしても提供したほうがいいとはかぎらない。

第二次世界大戦末期、アメリカ陸軍情報教育部が、被験者を教育レベルの高いグループと低いグループに分け、情報にたいする信用度をくらべたことがある。プラス情報だけ与えた場合と、マイナス情報も含めて与えた場合と、どちらが信じやすいかを調べたのだ。

すると、教育レベルの高い人ほど、マイナス情報も含んだ話を信じた。逆に、教育レベルの低い人たちでは、プラス情報のみのほうが信じやすかった。

人に情報を伝えるときは、相手を見ながら、情報の与え方を使い分けることが重要といえそうだ。

「希少価値」をエサにして信用させよ

インターネットがこれほど普及する前、インターネットというだけでありがたがられた時代があった。「インターネットで調べたんだけど」というと、それがたとえいいかげんな情報であっても、なにやら信《しん》憑《ぴょう》性《せい》のある、価値の高い情報のように思われたのだ。

当時、インターネットは、一部の情報感度のいい人や有能な人が使うもののように思われていた。そこから得られる情報には、みんなには知られていない、しかも役に立つものというイメージがあったのだ。希少価値がインターネットのイメージをさらに膨《ふく》らませていたといえるだろう。

この「希少価値のあるものにたいし、人は高い評価を与えやすい」という心理は、ウォーチェルたちの実験にもあらわれている。

被験者を二つのグループに分け、いっぽうにはクッキーが一〇個入ったビンのなかから、一個だけ取り出してもらう。もういっぽうにはクッキーが二個入ったビンのなかから、一個を取り出してもらった。

その後、クッキーにたいする評価を聞いたところ、二個入りのビンから取り出したグループのほうが高い評価をしていた。そちらのほうが、よりおいしい高価なクッキーと思い、また食べたいという気持ちを抱いていたのである。

これは、「二個しかなかった」ことで、そのクッキーに希少価値を認める意識が高まったためだと考えられる。

人が希少価値のあるものをありがたがるのは、人間の心のなかにある「自由でいたい」という心理と関係するようだ。

人間は誰しも、欲しいものを自由に手に入れられる状況を望んでいる。しかし、希少価値のものを手に入れるのはむずかしい。そこで、人間は、めずらしいものに出会うと、いま特別に必要なものではなくても、とりあえず手に入れ、安心しようと思うのである。そこから希少価値のものほど、高い評価を得やすくなるのである。

ということは、人にそれが大切だと思わせるためには、「めったに手に入らない」と感じさせればいい。人に何かをいうときでも、それがいつでも手に入る情報だと思わせては、真剣に聞いてもらえない。

そこで、「いま入ったばかりの情報ですが」「ふつうのお客さんには、ここまで話さないんですけど」などといえば、情報の希少性は増す。すると、相手は耳を傾ける気になり、その情報を信用する気にもなるのである。

人の心に訴えかける「端数の魔力」を知っておけ

家電量販店の商品価格では、一万円、三万円といった区切りのいい数字は、まず見かけない。「九八〇〇円」「一万二八〇〇円」といった具合に、かならず端数《はすう》がついている。

これは、一万円というより、九八〇〇円と桁《けた》を一つ下げたほうが安く見えること、もう一つは、端数のもつ心理効果を狙ってのことである。

「一万円」と書くと、「単純にキリがいいから、その値段にしたんでしょ」と、お客に思われるだろう。それが「九八〇〇円」にすると、「すこしでも安く、ギリギリいっぱいまでサービスしています」という印象を与えやすくなる。

また、同じような理屈で、一万円の商品を「もっと安くならないの」といわれたときには、「じゃあ九〇〇〇円」と答えるよりも、「九二〇〇円」といったほうが、お客は無理を聞いてもらったような気になる。その端数に何らかの意味があるだろうと感じるからである。

会議などの時間を決めるときにも、端数が心理効果をあげることがある。

たとえば、「会議を三時からはじめます」といっても、なかなか三時に集まりにくいものだ。「三時」というキリのいい時間にすると、三時ジャストにそれほどの意味はなく、そのあたりの時間に行けばいいという心理が、参加者に働きやすいのだ。そこで、人によっては二時五五分にきたり、三時五分にきたりする。

あるいは、全員三時にきたとしても、自分の席に着いたり、書類を出したりするうちに、五分くらいはすぐにたってしまう。三時ちょうどからはじめるはずが、けっきょく開始時間は三時五分といったことになってしまう。そしてそのことに、誰も疑問を覚えない。

これが、「二時五五分からはじめます」「三時七分からはじめます」というと、参加者たちの緊張感はまるで違ってくる。「五五分」とか「七分」という端数をつけられることで、その数字に重要な意味があるように思えてくるのだ。

「その時間にきちんと集まらなければ、何か都合の悪いことがあるのかもしれない」

「七分まではじめられない理由があるのだろうか」など、その意味をあれこれ考える参加者もいるだろう。

いずれにせよ、その時間に開始しなければならないという切迫感《せっぱくかん》が生まれ、時間を守ろうという意識が強まるのである。

ウソの多数意見で人を動かす方法

人間の判断は、人のいうことにきわめて左右されやすい。誰かが部屋のすみを指して「あそこに何かいる」とでもいえば、何も見えなくても霊か何かがいるような、不気味な感じがしてくるものだ。また、自分では元気なつもりなのに、まわりから「顔色が悪いんじゃないの」といわれると、本当に体調が悪いような気がしてくる。

こうした人間心理をもっと積極的に利用して、わざとウソをいって、それを信じ込ませる方法もある。やり方しだいでは、どう見ても青にしか見えない色を「緑色」に見せることだってできるのだ。それは、つぎのような心理実験で確かめられている。

アメリカで六人の女子学生を対象に、スライドを見せる色覚《しきかく》実験が行なわれた。六人に色覚検査を受けさせ、その後、青い色のスライドを見せて、それは何色かを問うのである。

ただし、六人のなかの二人はサクラで、前もって「緑」というように仕込んである。つまり、六人中、本当の被験者は四人というわけだ。

スライドを見たとき、サクラは自信たっぷりに「緑です」と答える。この自信たっぷりに答える様子に影響されて、青のスライドを「緑」と答える女子学生が出てくるのだ。

これを三二グループについて行なったところ、被験者一二八人中一一人が「緑」と答えた。これは、全体の約八・五％にあたる数字だ。

しかも、この実験をその後何回も行なったところ、以前は「青」と答えた人でも、「緑」ということが増えはじめた。それだけみんな、他人から自信たっぷりにウソをつかれると、自分の意見に自信がなくなってしまうのである。

たとえば、同じ女性を好きなライバルにたいして、「彼女はオレに気があるそぶりをしていた」とか「お前はいかにも女ウケしないタイプだよな」などといってみる。友人にも頼んで、いっしょにいってもらう。何人かから同じことを聞かされると、相手は自信を失い、勝手に自滅するかもしれない。

あるいは、化粧品のセールスで、実際にメイクをして「以前よりも、ずっとお若く見えます」とまことしやかにいう。このとき、二〜三人から口々にいわれれば、たいした違いがなくても、本人はその気になり、化粧品を買う気になりやすいのである。

2

相手の本能を突くワルの知恵――

相づちの打ち方ひとつで敵は本音をポロリ

「仲間外れになる不安」を突く説得術

町内会から、「交通遺児への募金をお願いします」という回覧板が回ってきた。見ると、町内会で自分以外の全員がすでに募金している。こんなとき、ふだんは募金に関心のない人でも、「右へならえ」で募金をしてしまうだろう。

これは、人間心理に、自分と同じような立場の人と、違った行動をとりたくないという傾向があるためだ。

近所の人全員が募金をしているのなら、自分もしなければならない気持ちになってしまう。同じ行動をとると、それで人は安心できるのである。

この心理を実証するものとして、アメリカのアッシュの実験がある。被験者に最初に一本の直線を見せ、その後三本の直線を見せる。三本のうち、最初に見せた直線と同じ長さのものはどれかを選んでもらうのだ。

この実験は九人を一グループとして、みんなの前で一人ずつ、順番に答えるかたちで行なわれた。

ただし、最初から八番目までの人はすべてサクラで、最後の一人だけが本当の被験者である。

このとき、サクラはわざと違う直線を選ぶ。①〜③のうち、正解は②であっても、全員が①を選ぶ。すると、最後に答える被験者も、本当は②であると思いつつも、「①」と答えてしまうケースが圧倒的に多かったのだ。

たとえ真実とは違うと思っていても、自分だけはずれることが不安なため、周囲に同調して間違ったものを正解と答えてしまったのである。

この同調の心理を応用すれば、相手の行動をこちらの思いどおりにすることもできる。「みんなやっているのに、どうしてあなただけやらないのですか」とせまればいいのだ。

たとえば、消火器のセールスで、「このあたり一帯の方は、みんなおもちですよ。いざ火事になったとき、ご近所にも迷惑をかけかねませんからねえ」などという。あるいは、「おたくのお子さまの通っている学校のレベルだと、この程度の問題は解けるようにならないとキツいですよ」といって、学習教材をすすめる。

すると、周囲と違う行動をとることを恐れて、セールストークに乗ってくる人は少なくないのである。

恨みや不満を最小限に抑える心理テクニックとは

刑事事件の裁判では、犯行動機が重視される。同じ強盗でも、「生活苦で仕方なくやった」という場合、情状酌量《じようじようしやくりよう》されて量刑が軽くなることがある。いっぽう、容疑者が黙秘《もくひ》を続けたり、ただ「カネが欲しいからやった」といったりする場合には減刑されにくい。

こうした事情は、実生活においても当てはまる。被害を与えた相手から、その理由を説明された場合とされない場合では、相手にたいする恨《うら》みや不満が大きく違ってくるのである。

そんな人間心理は、つぎの心理実験で確かめられている。被験者を二人一組にし、交代で相手に電気ショックを与えるという実験だ。

電気ショックの強さは、強いものと弱いものから、好きなほうを選べる。最初にどちらかいっぽうが、ショックを与え、つぎにショックを与えられた人が相手にたいして電気ショックを与える。このとき、与える電気ショックの強弱が、どのようになるかを調べたのだ。

その結果わかったことは、最初に強いショックを与えられた人は、相手に強いショックを返すことだ。逆に、弱いショックを与えられたときは、やはり弱いショックで返す。これは一種の復讐《ふくしゆう》ともいえるわけで、人間心理としては当然のことだろう。

ここでおもしろいのは、強いショックを与えられた人が、それは「機械の故障によるものだ」と説明されたときだ。本当は弱いショックを与えるつもりだったのに、機械の故障で強いショックになってしまった――そう説明されると、強いショックを与えられた人でも、相手に弱いショックしか与えなかった。

機械の故障であろうと、相手の意思であろうと、強い電気ショックを受けたことには変わりない。それでも、原因が機械の故障にあるなら、強い復讐心は起きないのである。

つまり、人は自分が被害を受けたとしても、その理由が納得できるものなら、大きな不満をもたない傾向がある。逆にいうと、相手に何らかの被害を与えたときには、その理由をきちんと述べれば、いくらか恨みや不満が軽減されるのだ。

たとえば、残業代をカットするとき、ただ黙って「今月からカットする」では、社員は不満をもつ。そうではなく、会社の経営がいかに大変で、切り詰めることでどんな効果が期待できるかを十分説明する。そうすると、不満をおさえやすくなるのである。

「イエス・バット話法」でカドを立てずに切り返せ

人と会うときは、第一印象が大切だ。優秀な営業マンは、第一印象をよくするため、相手の趣味や得意分野を調べ、相手を喜ばせる話題づくりまで考えたりする。最初にいい印象を与えておけば、その後、多少相手に不愉快な思いをさせることがあっても、さほどの減点にはならないことを知っているからだ。

最初に好印象を与えるといいのは、一回一回の会話でも同じことである。たとえば、相手が自分とは違う意見を述べたとする。そのとき、「それは違うと思います」とすぐに切り返したのでは、相手はムッとする。たとえ、こちらの意見が正しく、相手がそれを認めたとしても、感情的なしこりが残りやすい。

それよりも、相手がどんな意見をいおうと、ひとまず「そうですね」と認めてしまうのだ。人間は、「自分の意見は、他人に受け入れられるだろうか」という潜在的《せんざいてき》な不安をたえず抱《かか》えている。そこで、自分の意見を認められると、ひとまず安心する。

そうして相手が満足したところで、「しかし……」と自分の意見を述べるのである。「なるほど。いまおっしゃった意見は、たしかにごもっともです。私も同じことを思っていました」と同意したあと、「しか

し、この点については、こういうことも考えられるのではないでしょうか」と自分の意見をいうのだ。

その意見が、同意した意見と、まったく正反対のことであってもかまわない。とにかく相手の意見を、いったんは認めてしまうことが重要なのである。

この話法は、はじめに「イエス」といって、つぎに「しかし（ｂｕｔ）」ということから、「イエス・バット話法」とよばれる。使い方には、さまざまなバリエーションがあり、たとえば最初に「イエス」といったあと、「一つ質問があるのですが、よろしいでしょうか」とたずねる話法もある。質問するふりをして、相手の意見の矛《む》盾《じゅん》や欠点をついていくのである。

あるいは「イエス」といったあと、「ただ不勉強で、この点がよくわからなかったのですが、教えていただけませんか」と教えを乞《こ》うかたちで反論する方法もある。いずれも、相手を持ち上げながら反論するのがミソで、そうすれば相手はいい気分のまま、こちらの言い分に耳を傾けてくるのである。

「小さな情報」を与えて「大きな信頼」を勝ちとれ

「そば屋の出前」という言葉がある。そば屋に出前を頼んだのだが、なかなか配達されない。どうなっているのかと電話をすると、「いま出ます」という返事が返ってくる。では、そろそろくるのかと待っていると、やはりこない。ふたたび催促《さいそく》の電話をすると、やはり「いま出ます」である。そば屋にかぎらず、店屋物《てんやもの》の出前にはそんなことがよくあるものだ。

これを逆手《さかて》にとったのが、宅配ピザである。

日本で、まだ宅配ピザがなじみの薄《うす》かったころ、業者がうたい文句にしていたのは、「三〇分以内にお届けできなければ、代金は半分でけっこうです」というものだった。もちろん、ピザ店としては正規の料金が欲しいから、かならず三〇分以内に届けるだろうと、お客は考える。アテになる出前ということがお客に伝わり、宅配ピザは大いにウケたのだ。

心理学的にいうと、人は、情報がまったくない状況に強いストレスや不安を感じる。「出前はいつくるかわからない」という状態は、お客にストレスを与えるのだ。

しかし、たとえ遅くなっても、いつくるかがわかっていれば、ストレスにはならない。たとえば、一時間後には出かけなければならないのに、何の情報もなく、五〇分後に出前が届いたのでは、食べる時間がない。それをお客は不安に思うわけだ。

しかし、もし五〇分後に届くという情報が伝えられれば、出かける時間をずらすなり、出前を断るなり、ほかの方法を考えることができる。

家電製品を修理に出すときでも、話は同じである。電気店に持ち込んだとき、ただ「あずかっておきます」といわれたのでは、お客は不安になる。修理できるのかできないのか、何日かかるのか、料金はいくらかなど、知りたい情報はいろいろある。場合によっては、買ったほうが安いということもあるだろう。

こんなとき、「メーカーに聞いて明日には見積もり金額をお知らせします」といわれると、その後の見通しが立つ。お客は安心し、店やメーカーにたいする印象はよくなる。そのため、大手量販店では、この対処法が基本的なマニュアルになっている。

いま、役所や大企業の「情報公開」が求められ、病院で「インフォームド・コンセント（説明と同意）」が求められるのも、これと同じことである。税金がムダに使われていないか、商品におかしなものが混ざっていないか、自分は何の病気でどういう治療を受けるのか。そういう情報を知らされずにいると、人間は不安になる。それが不信感につながり、役所や大企業、病院などが、大きくイメージを落とすことにもなるのだ。

その意味で、情報を与えることは、相手の不安感を減らし、信頼感を得るための有

力な手段といえる。すべての情報を与える必要はなく、ごく一部を与えるだけでも、相手の不安感をずっと少なくできる。

「承認欲求」を満たして相手の心をキャッチせよ

専業主婦だった女性が、中高年になってから急にパートに働きに出ることがある。「子どもが手を離れたから」「家計の足《た》しに」「好きに使えるお金が欲しい」など動機はさまざまだが、その一つに「誰かに認められたいから」というものがある。

家庭では、夫や子ども相手に家事をしていても、誰からもほめてもらえない。ところが、働きに出ると、お客さんから「ありがとう」といってもらえる。店長に頼まれて残業を手伝うと「助かるよ」と感謝される。その言葉がうれしくて働いているというのである。

このように「人から認められたい」という承認《しょうにん》欲求は、誰にでもあるものだ。サラリーマンが毎日、満員電車に揺られて会社に通うのも、お金を稼ぐことと同時に、「仕事で認められたい」という欲求が支えになっているはずだ。

また、出世をあきらめたサラリーマンが趣味に励《はげ》みはじめるのも、やはり何かで人から認められたいという欲求がひそんでいることが多い。仕事でほめられない代償《だいしょう》を趣味に求めているわけである。

このような心理をたくみにつけば、女性を口説《くど》くのも、そうむずかしい話ではなくなる。たとえば、合コンで気に入った女のコがいたら、会話のなかにほめ言葉を折り込んでいくのだ。

「キミって気がきくね」「服の趣味がいいね」「目がキレイだね」と、彼女を評価するような言葉をタイムリーに投げかける。すると、認められたことで、彼女が好意をもってくれる可能性はぐんと高くなる。

「ないものねだりの心理」を突けばハートはこっちのもの

近所の定食屋で焼き魚定食を頼んだら、その日は売り切れで、ほかのメニューを頼むことになった。すると、ふだんは焼き魚がとくに好きというわけではないのに、売り切れと聞くと無性《むしょう》に食べたくなり、翌日またその定食屋に行った――。

そんな経験のある人は多いだろう。簡単に手に入ると思っていたものが、手に入らなかったとき、欲しいと思う気持ちはグンと強くなる。

つぎのような実験もある。二日がかりで行なわれた実験で、初日は「音楽の好みを調べる」という理由にして、被験者にＣＤを四枚聞かせ、それぞれの曲について評価してもらう。その後、「明日の調査が終わったら、四枚のうち気に入ったものを一枚差し上げます」と伝える。

そして翌日は、実験がはじまる前に「四枚のＣＤのうち、一枚は手元にないため差し上げられません。三枚のなかから選んでください」と伝えるのだ。それから昨日と同じ四枚のＣＤを聞かせ、もう一度それぞれの評価をしてもらう。すると、「ある」といわれた三枚の評価は、前日とほとんど変わらないのに、「ない」といわれた一枚だけは評価が大きくアップしたのだ。

　このような、ないものねだりの心理を、心理学では「心理的リアクタンス（反発）」という。

　これは、人間関係でもよく起きる話だ。突然日曜日にデートするはずだったのに、仕事が入ってキャンセルになってしまった。すると、いつにもまして会いたくなり、深夜、車を飛ばして会いにいった、などというのもそうである。

　この心理を利用すれば、あえて突き放すことで、相手の気持ちをこちらに引きつけることも可能になる。たとえば、彼女が「会いたい」といってきたとき、いつもOKしていると、二人の関係はマンネリ化しやすい。
　そこで、たまには「ここ二週間ほどは、仕事で無理だ」と、デートを断るのだ。すると、断られたことで彼女の欲求は高まり、以前よりも自分の彼氏を魅力的に感じるようになっていく。

恋愛感情を自在に起こさせる知恵

人が恋に陥《おちい》りやすいシチュエーションが、心理実験によって確認されている。

ダットンとアロンが行なった有名な実験で、橋を渡ってくる男性にたいして、美人の女性がアンケートを頼むというものである。アンケートに答えてもらったあと、女性は男性にたいして、「さらにくわしく聞きたいので、あとで電話をしてほしい」と自分の電話番号を渡す。その後、男性がこの女性に電話をかけてくるかどうかを調べたものだ。

実験の舞台となる橋は二種類あり、一つは川からの高さが数十メートルもあり、風が吹くとグラグラ揺れる吊《つ》り橋である。もう一つは、小川から一メートル上ぐらいにかけられた、丈夫な橋。実験の結果は、グラグラ揺れる吊り橋の上でアンケートに答えた男性のほうが、より多く電話をかけてきた。これは、吊り橋の上という危険な場所で女性と出会ったことが、男性の心につぎのような作用をもたらしたためと考えられる。

グラグラ揺れる吊り橋を渡るとき、男性の心身はかなり緊張している。心臓の鼓動《こどう》も、ふだんより激しくなる。いっぽう、恋をしたときには、好きな人の前で胸が高鳴るものだ。そこで、被験者たちは、吊り橋の上で女性と会ったとき、自分の鼓動が目の前の女性に恋をしたドキドキだと、錯覚《さっかく》してしまったのだ。

ようするに、人は、生理的に興奮したり、心臓の鼓動が激しいとき、それを恋によるトキメキだと思いこみやすいのである。

さらに、心臓の激しい鼓動は、性的興奮にもつながる。別の心理学者の実験によると、運動をしたあとポルノ映画を見ると、性的興奮がふだんよりも高まりやすいことが確認されている。

はじめは、ただのテニス仲間やスキー仲間だった二人が、いつの間にか恋人関係になったというのは、よくある話だ。これも、趣味が合うといったこと以外に、スポーツをして体が興奮したため、恋心や性的興奮が生まれやすいこともあるためといえるだろう。

具体的なテクニックとしては、ジェットコースターに乗ったり、お化け屋敷に入るなど、いっしょに怖い体験をすること。また、より激しいスポーツをすることで、相手の恋心や性的興奮を呼び起こすことができるというわけである。

面倒な仕事を頑張らせる必殺のセリフとは

「子どもは、ほめて育てよ」といわれるが、これは心理実験でも確認されている。

アメリカのハーロックは、小学五年生を対象につぎのような実験を行なった。

生徒を三グループに分けて、足し算の計算問題を解かせ、グループによってその後の対応を変えたのだ。

Aのグループは、成績のよしあしにかかわらず、とにかくほめる。Bのグループは、成績のよしあしにかかわらず叱《しか》りつける。Cのグループは、どんな成績であれ、ほめも怒りもしない。

この実験を五日続けて行なったところ、Aのほめられるグループは五日連続して、成績が上がっていった。Bの叱られるグループは、最初の三日は成績が上がったものの、それ以降は伸びなかった。Cの無視されるグループは、ほとんど成績に変化がなかった。

つまり、無視されるよりは、叱られたほうが、成績が上がるが、すぐに伸び方が止まってしまう。生徒をがんばらせたいなら、ほめるのがベストということである。

この「ほめられれば、がんばる」というのは、「成績を上げる」といった、一般に好ましいと思われる行動にだけ影響するものではない。世間的に好ましくないと思われる行動についても、見られる現象だ。それを証明したのが、ギーンとストナーによる実験である。

まず、二人の被験者のうち、一人を生徒役、もう一人を教師役にする。教師役は生徒役に課題を与え、正解すればつぎの課題を与え、間違えば電気ショックを与えることにする。この電気ショックは、一から一〇まで段階を調節でき、教師役の人は、強さを自分の好きに選んでいい。

最初のうち、教師役の人はたいてい生徒役の人に気を使い、弱い電気ショックを与える。だが、ギーンらが強い電気ショックを与えたときに教師役の人をほめると、だんだん様子が変わってくる。生徒役の人にたいし、強い電気ショックを与えるようになっていくのだ。

強制されてもいないのに、他人に強い電気ショックを与えるのは、ふつうなら抵抗があるものだ。ところが、誰かからほめられると、それがしだいに平気になってくるのである。ほめる行為には、本人がやりたくないと思っていたことすら、進んでやらせる効果があるのである。

この心理効果を使えば、みんながいやがる仕事、つまらない仕事を一生懸命やらせることも可能になる。最初はイヤイヤしていても、「うまくやってるね」「その調子で頼むよ」などとほめられているうち、人は期待に応《こた》えようと熱心にするようになっていくのだ。

組織への忠誠心がグンと高まるセレモニー

大企業には、「〇〇大出身者」による学《がく》閥《ばつ》が存在することがある。同じ大学の卒業生ということで、情報を交換したり、便宜《べんぎ》を図《はか》ったりし合うのだが、この学閥、どこの大学出身者でもつくるかといえば、そうでもない。東大、早稲田、慶應など、難関校といわれる大学の出身者によるものが、圧倒的に多く、力をもっている。

　これには、歴史が長くOBが多いとか、政財界にも顔がききやすいこともあるが、ほかにも「あの難関をくぐった同士」であるという連帯感が背景にあるといえる。人間は、ある組織の入会にむずかしい条件を課せられたときほど、その組織にたいする愛着がわきやすい傾向があるのだ。

　つぎのような心理実験がある。アロンソンとミルズが行なったもので、まず「セックスについての討論クラブ」という女子大生を対象にしたクラブを設立させる。このとき、集まった入会希望の女子大生を、入会の難易度に応じて、三グループに分けるのだ。

一つは、希望すれば、誰でも入会できるグループ。二つ目は、入会するための条件が課せられるグループで、男性の前で一二の卑猥《ひわい》な言葉を朗読《ろうどく》し、さらに小説から抜粋《ばっすい》した性行為に関する二つの文章を朗読する。三つ目は、入会条件が課せられるが、その内容が二つ目よりも簡単で、性には関連があるが卑猥ではない五つの語句を朗読する。

入会希望者はけっきょく、全員入会が認められるが、その後、全員にセックスについての討論を聞かせる。討論の内容は、動物の生殖《せいしょく》行動に関するひじょうに退屈な内容で、聞き終わったあとで、彼女たちに質問を二つ行なう。一つは「討論の内容がおもしろかったか」、もう一つは「このクラブに入会できてうれしいか」である。

その結果、「討論の内容がおもしろく、入会できてうれしかった」ともっとも多く答えたのは、入会のために厳しい条件が課せられた二つ目のグループだった。厳しい入会条件をくぐり抜けたぶん、ほかのグループの人よりもクラブの会員になったことを名誉《めいよ》に思い、そこでの活動も楽しく感じたというわけだ。

そういう組織への思いが強いほど、組織にたいする忠誠心も高くなり、メンバー間の団結力も強まることは間違いない。難関校出身者ほど結束しやすく、強力な学閥をつくるのも、こうした心理と関係があるといえそうだ。

このような心理は、組織づくりを考えるうえでも役に立つ。たとえば何かプロジェクトを組むとき、ただ適任者を探してメンバーにするのではなく、人選に何らかの条件を課すのだ。

たとえ全員を合格させるつもりでも、むずかしそうな面接や筆記試験を行なう。その後メンバーに指名すれば、彼らはプロジェクトメンバーに選ばれたことに誇《ほこ》りをもつし、メンバー同士の団結力も高まる。たんに指名する場合とくらべて、チームが機能しやすくなるのである。

「ピグマリオン効果」でダメ人間が変わる！

「できない部下をどう扱うか」は、上司とよばれる人の共通の悩みだろう。書店のビジネスコーナーへ行くと、『部下の育て方』『部下の叱り方』といった本がズラリと並んでいるものだ。

「あんな無能なヤツは、どうやってもダメだ」とあきらめている人もいるだろうが、そういう姿勢が部下のモチベーションをますますそいでいる場合は少なくない。逆に、部下に期待をかける〝ふり〟をしたほうが、伸びる可能性は高くなる。

これは、心理学では「ピグマリオン効果」とよばれている。ギリシア神話に出てくるピグマリオンという王の名にちなんだもので、その王は自室にあった女性像に恋し、「こんな女性が本当にいないものか」と、ため息をついて暮らしていた。それを哀《あわ》れんだ神が、この女性の像に命を与え、王は彼女と結婚することができたという話である。

石像を見て「これが人間だったら」と思っているうちに、本当に人間になった。そ

こから、人に期待をかけるうちに相手が期待に応《こた》えるように成長することを「ピグマリオン効果」とネーミングしたのである。
　こうしたことが現実に起こるのは、実験によって確認されている。アメリカのローゼンタールが行なったもので、小学生を対象に知能テストを行ない、その結果を担任に教える。そして、特定の子どもについて、「この子は将来、もっと学力が伸びるでしょう」と伝えるのだ。ただし、ここで伝えられる子どもの名前は、任意に選んだもので、実際のテストの結果とはまったく関係ない。
　それから一年後、同じ子どもたちを対象にふたたび知能テストをしたところ、担任に「もっと伸びる」と伝えた子どもたちの成績は、ほかの子たちとくらべて格段によくなっていた。その子どもたちは、知能だけでなく学力や学習意欲も向上していた。
　これは、担任の先生が「この子たちはも

っと伸びる」と伝えられたことで、期待をもって子どもたちに接するようになったためと考えられる。「できる子」という目で見られると、本当に知能や学力が上がっていったわけである。

そう考えると、できない部下を「ダメなヤツ」という目で見ていては、その部下はますますダメな部下になっていきかねない。それよりも、「彼はデキる」という目で見ていれば、本当に優秀な社員になる可能性が高まるのだ。

その部下には無理だと思える仕事でも、あえてまかせてみる。最初はうまくいかなくても、「きみなら、できるはずだ」と期待している〝ふり〟をする。そうするうちに、本当に期待に応える仕事ぶりをしてくれるかもしれないのである。

情報を中断して相手の好奇心に火をつけろ

テレビのクイズ番組では、問題が出され、ゲストが解答し、「さあ、正解は！」というところで、コマーシャル入りすることが多い。すると、それまでつまらないと思っていた番組でも、中断されると、突然その答えが気になったりするものだ。正解知りたさに、ついその後も見続けることになる。

これは、人間の欲求をうまく利用した番組構成といえる。人は、中断された情報には、強い興味をもつ傾向があるからだ。

また、そういう情報は、より強く記憶に残りやすいという効果がある。その効果は、旧ソ連の臨床《りんしょう》心理学者セイガルニイクが唱えたことから「セイガルニイク効果」とよばれている。

実際、コマーシャルで中断されたときの問題と解答は、ひと続きに問題と解答を聞いたときよりも、妙《みょう》に頭に残るものだ。コマーシャルのあいだに「答えは何だろう」と考えたり、心待ちにすることで記憶に残りやすくなるのだ。

この中断されると知りたくなるという現象は、日常生活でもよく起きている。たとえば、友達と電話で話をしているとき、相手が「そういえば、○○さんの子どものこと知ってる？」といったとたん、キャッチホンが入った。そのとき、「あ、じゃあそろそろ切るね」と切ると、急に話の続きが知りたくなったりするものだ。ふつうならひまつぶし程度の話題のはずでも、つぎに電話がかかってきたとき、その話題からふったりすることになる。

逆にいうと、相手の関心を引きたいときは、一気に話さず、途中で話を中断し、小出しに情報を与えるのが効果的といえる。新聞チラシでも、ときおり「○月×日に、重大情報を発表します」と書かれた広告が入ってくることがある。その当日のチラシを見ると、「本日、△△店オープン」と、たんに新店舗《てんぽ》オープンのお知らせだったりする。これも、最初から「○月×日に新店舗オープン」と宣伝するより、情報を中断することで、お客の興味を引こうとしているのである。

たとえば、上司にどうしても伝えたい情報があるとき、上司が出かける直前に「課長、○○の件でお話があるのですが、お出かけのようですから、あとで報告させてください」といっておく。

するると、課長はその情報を受けるまで、「〇〇の件とは何だろう」と気にするだろう。場合によっては、「で、〇〇の件とは何かね」と向こうから聞いてくるかもしれない。

そこでおもむろに「じつは……」と話せば、課長に与えるインパクトは、より大きくなるのである。

やる気のない人間をラクに動かす一言とは

神経症患者にたいする治療の一つに、森田療法の「臥褥《がじょく》療法」がある。何もやる気がない、生きる気力もないといった患者をベッドに寝かせ、食事とトイレ以外に起きることを禁止するのだ。

すると、その状態を一週間ほど続けるうちに、患者の気持ちに変化が生じてくる。もっと動いたり、人と話をしたいという欲求がわいてくるのである。

これは、人間の心のなかにある「生きたい」という欲求を逆療法で引きだす方法といえるが、似たような手法は日常生活でも使える。あえて「するな」と禁止することで、相手のやる気を引きだすのである。

「するな」といわれるほどやりたくなるのは、たとえば若者にとってのタバコがそうだろう。高校時代は隠れてぷかぷか吸っていたのに、成人して自由に吸っていいとなると、「体に悪いから、二十歳になったのをきっかけにやめる」という若者も少なくない。一〇代のあいだは、禁止されることでタバコをより魅力的に感じていたのだ。

アメリカの都市ボストンでは、以前こんな話があった。『カリギュラ』という古代ローマ皇帝の残虐《ざんぎゃく》ぶりを描いた映画が封切りされたときのことだ。ボストンでは、残虐シーンやセックスシーンが過激すぎるということで、上映が禁止されてしまった。

すると、禁止されたことで、この映画は大きな話題となり、ボストンから隣町《となりまち》まで見にいく人が続出した。

あまりの人気ぶりに、その後、『カリギュラ』はけっきょくボストンでも上映されることになったのだが、ふだんなら残虐シーンに興味を示さない人まで、映画館に押し寄せたという。

日本でも、数年前、子ども同士の殺し合いを描いた映画『バトルロワイアル』が、教育上よくないということで、一五歳未満の子どもが見るのを禁じられた。すると、この映画の人気がぐんと高まったことは記憶に新しい。

こうした心理は、心理学者アッシュモアたちの実験によっても確認されている。大学で、「いかなる理由があっても、警察官の大学キャンパスへの立ち入りを認めるべきではない」というテーマで、有志たちによる講演会を企画する。この講演会の日時を知らせるポスターを大学構内に貼り、このとき「警察をキャンパスに入れることについて、どう思うか」を学生たちに聞いておく。

そして、二、三日後、大学当局が「学生はその講演会に行ってはならない」と禁止する。その後、講演会への参加を禁止された学生たちに、「警察をキャンパスに入れることについてどう思うか」を聞くのだ。すると、禁止される前よりも「反対である」と答える学生数が圧倒的に増えた。

　これは、講演会が禁止されることで、その講演会に高い価値を認めた人が増えたことを意味する。「聞くな」といわれることで、聞いてみたい気持ちが格段に高まったのだ。

　そう考えると、やる気のない相手には、「もっとやる気を出せ」と頭ごなしにいうよりも、「やるな」というほうが効果的になることがわかる。いくらいっても勉強しない子どもには、「勉強しなさい」というよりも、「勉強なんてするな」と突き放しておく。「やるな」といわれると、やらなければならない気がして、自分から机《つくえ》に向かうようになるものだ。

　あるいは、花見や忘年会など、課内の年

中行事を課員たちが嫌がるときは、いっそのこと、「今年の年中行事はすべて中止」にしてしまう。まったくやらないとなると、「ないのは寂《さび》しい」となって、自分たちで企画・実行するようになるのである。

「偶然聞いた話」に人が飛びつくワナ

喫茶店で、隣のテーブルにサラリーマン風の二人組が座ったとする。そのヒソヒソ話を聞いていると、どうやらいま取り組んでいる製品がようやく完成しそうで、それは業界初の画期的技術。もうすぐ、新聞発表もできそうだというのだ。

かりに、その会社が上場企業だった場合、極秘情報を聞いた気になって、その会社の株を買おうという気になる人もいるだろう。彼らのいうとおりだとすれば、新聞発表後、その企業の株価は確実にはね上がる。その前に買っておけば、大儲《おおもう》けができるはずだ。

だが、すこし冷静になって考えれば、その情報だけで株を買いに走るのはあまりに危険な行為といえる。会社の名前を聞き違えたかもしれないし、もうすぐ完成という話にしても、彼らの希望的観測という可能性もある。

さらにいえば、そのサラリーマンの会話自体、まったくの作り話かもしれない。劇団の役者二人が、芝居の稽古《けいこ》をしていたということも考えられるだろう。

にもかかわらず、そういう情報に飛びつきやすいのは、それが「偶然聞いた話」であるためだ。

人間というのは、熱弁振るって説得されるよりも、たまたま聞こえてきた話ほど信用してしまう傾向があるのだ。

とくに、偶然耳に入ってきた話、また盗み聞きしたような場合ほど無条件に信じる傾向が強い。

逆にいうと、人にウソを信じ込ませたいときには、わざと盗み聞きをさせればいいことになる。まったく根拠のないデタラメな話をしても、それを聞いた人はその話を真実だと思い、うのみにする可能性が高い。たとえば、ライバル社の人間がよく行く喫茶店で、ウソの情報を話したり、社内のライバルの近くでウソのうわさ話を聞かせる。「偶然聞いた話」の心理効果を利用して情報操作を行ない、相手を混乱させることも可能なのである。

「隠し」のテクニックで飢餓感をかきたてよ

東京・渋谷の繁華街《はんかがい》を歩く女子中高生には、下着姿のような格好をしたコが多い。パンティが見えそうなほど短いミニスカートをはき、おへそも丸出しにしている。ブラジャーの肩ひもが見えるなど、わざと下着を見せているコもいる。

それがイマドキの流行だそうだが、体のほとんどを露出《ろしゅつ》した女の子を見て、男性が喜んでいるかというと、そうでもないようだ。

女性の体は隠《かく》しているからいいのであって、さも「見てください」といわんばかりの格好をされても、男性の欲望はあまりそそられない。隠しているあいだから、ときどきチラリと見えたり、それを恥ずかしそうに隠そうとするしぐさが、もっとも欲望をそそるのである。

このように、人は、隠されるほど「見たい」「欲しい」という欲求が強くなる。古くは、オイルショックのときのトイレットペーパー騒動もそうである。あのとき、トイレットペーパーがなくなるということで、大勢の主婦がスーパーに走った。

あげくに、全国のスーパーで売り切れ店が続出、そのとき流れたうわさが「メーカーや問屋《とんや》が、トイレットペーパーを隠している」というものだった。このうわさによって、主婦たちのトイレットペーパー熱には、さらに拍車《はくしゃ》がかかった。本当に、メーカーや問屋が隠していたのかはともかく、そのうわさで「欲しい」という気持ちがさらに高まったことは間違いない。

結婚・出産などで引退し、マスコミにまったく登場しなくなった芸能人が、その後

も一部のファンのあいだで熱狂的に支持されるのも、こうした心理によるものといえる。ステージ姿をもう見られないという飢《き》餓感《がかん》が、その芸能人への思いをいっそう強くさせるのだ。

こうした人間心理を利用し、「隠す」ことで商品価値を高める商法もある。歌手などが、わざとテレビに出ず、プロフィールを隠すことをウリにするのも、その一つだ。ただ歌だけをくり返し流して、「あれを歌っているのは誰?」と、ファンの知りたいという欲求をあおっていくのである。

人や商品は、ふつうその長所をアピールして売りだすのが定石《じょうせき》といえる。だが、ときには、隠すことによって、長所をアピールする以上に人間の欲求に強く訴《うった》えることもできるのである。

興味のない人を引きこむ「アンチ・クライマックス法」とは

セールスマンの腕の見せどころは、お客の関心をいかに引くかである。もともと興味がある人は問題ないが、そうでない人は「いそがしいので」とまず相手にしてくれない。

だが、最初から商品に関心をもっている人だけを相手にしていたら、その数はたかが知れている。そこで、興味を示さない相手の注意を引くための技術が必要になるのだ。

そういうテクニックの一つが「アンチ・クライマックス法」である。

小説や映画では、話のもっともおもしろい部分、つまりクライマックスを最後のほうにもっていくのが、ストーリづくりの定石である。

たとえば、推理小説で、最初から犯人がわかったのではおもしろくもなんともない。冒頭《ぼうとう》に不可思議な事件が起こり、なぜそんな事件が起きたのか、誰が犯人か、動機は何なのかと、謎が深まり、最後にその謎はすべて解き明かされる。最後にクライマックスがくるから、読者は満足するのである。

ただし、これは、読者が最初からその小説に興味をもっているからこそ、通じる手法である。また、読者は、推理小説がそういうものだと知っているから、最後までつきあってくれるといえる。

しかし、とくに興味のない、未知の商品となると、そうはいかない。興味のない商品の説明を聞くために、わざわざ時間を費《つい》やそうとする人はいない。

そこで必要になるテクニックが、アンチ・クライマックス法になる。話のいちばんおもしろい部分を、冒頭にもってくるやり方だ。本でいえば、堅い論文で使われる方法だ。

推理小説のようなエンターテインメントなら、読者は最後まで楽しくつきあってくれる。だが、論文となるとそうはいかない。堅苦しい文章にずっとつきあったあげく、最後の結論がつまらなかったのでは、まったくの時間のムダ。そこで冒頭に、この本で何がいいたいのか、その主張をあげておく。読者はそこを見て、この本は読むに値するかを考えるのである。

商品のセールスでも、この冒頭で引きつ

けるという方法が有効になる。

最初に、「これを使えば、確実にやせます」などといって、その商品のいちばんの〝ウリ〟を説明する。やせたいと思っている人は、それで魅力を感じ、話を聞こうという気になるだろう。

そうして興味を引いたうえで、その商品を使うとなぜ効果的なのか、どうやって使うのか、値段はいくらかといったことを説明していけばいいのである。

相づちの打ち方ひとつで敵は本音をポロリ

誰でも、人から認められたいという承認欲求をもっている。たんに日常的な会話でも、相手に興味をもって聞いてもらいたいと思うものだ。そして、「ふんふん」と興味をもって聞いてもらえれば、もっといろいろ話そうという気になる。逆に、相手の反応が乏《とぼ》しいと、人は無口になってしまうものだ。

そんな心理を証明する、アメリカで行なわれた実験がある。被験者と会話し、被験者が会話のなかで「〜s」と複数形の単語を話したときは、うなずいたり、相づちを打つ。いっぽう、単数形の単語を話したときは、何の反応もしないのだ。

すると、会話を続けるうちに、被験者は複数形の単語を数多くまじえて話すようになった。無意識のうちに、複数形の単語を使うと、相手から承認してもらえることに気づき、自然と複数形の単語を多く使うようになったと考えられる。

この心理を利用すれば、相手の本音を引

きだすことも、そうむずかしいことではない。

相手と会話をしているとき、本音と関係ありそうな話題になれば、意識的に「なるほど」「そうなんだ」と、相手を承認する相づちを打つのだ。すると、その話題だと、大きな反応が返ってくると気づいた相手は、本音にかかわる話をより多くするようになるはずだ。

そうしたやりとりをくり返せば、相手の本音にどんどん近づいていける。部下の悩みを知りたいとき、職場の人間関係を探りたいときなど、一杯飲みながらこの手法を使うと、本音を聞きだせるかもしれない。

いつの間にか心を開かせるうなずきの手法とは

小中学生には、親や教師に反発して、授業をロクに受けない子どもがいる。学校にきてもグラウンドで遊んでいたり、保健室で寝てばかりいたりする。あるいは、教室にきても、わざと大声を出して授業を妨害《ぼうがい》したりする。

注意してもまったく聞かないし、何が不満かを聞いても答えない。親も教師もまったくお手上げといった状態だが、そんな子どもの行動を観察していると、じつは保健室の先生や給食のおばさんとは仲良く話していることがある。学校への不満だけでなく、将来の夢や、好きな科目、彼女や彼のことなど、親や教師も知らなかった本音を語っていたりする。

なぜ、保健室の先生や給食のおばさんとだけ話すのか、その理由を聞くと、親や教師は顔を見れば、ガミガミ説教するばかりだが、その人たちは黙って自分の話を聞いてくれるからだという。何をいっても、うなずいて聞いてくれるので、安心して思うことを話したくなるというのである。

ただ話を聞いたり、うなずくだけのほうが、相手はいろいろなことを話すというのは、心理実験でも確かめられている。マタラゾらによって行なわれた実験は、以下のようなものだった。

警官と消防士の採用試験にきた受験者を対象にしたもので、四五分の面接時間中、面接官の態度を変えて接し、そのときの受験者の様子を調べたのだ。最初の一五分はふつうに面接し、次の一五分間は意識的にうなずく頻度《ひんど》を多くする、そして最後の一五分はまったくうなずかないようにしたのである。

すると、受験者の話す時間は、面接官が頻繁《ひんぱん》にうなずいたときにもっとも長くなり、ほかの時間帯にくらべて、四八〜六七%も話す時間が増加した。人は、相手にうなずいてもらうと、それだけで「もっと話そう」という気持ちが起こるというわけだ。

　そう考えれば、相手から本音を引きだしたい場合、こちらから積極的に話しかけるのは、得策とはいえない。それよりも、相手が話したくなるように、うなずくことに重点を置く。

　最初は口が重かった人でも、うなずきながら話を聞いてくれる人にたいしては、しだいに本音を口にするようになるのである。

3

判断を惑わせるワルの知恵──

ミエミエなほど効く「おだて」のトリック

難しい交渉は「締め切り」を切り札にせよ

締め切りによる心理効果は、多くの人が体験しているだろう。

いい例が、学生時代の試験である。ふだんはろくに机に向かわない学生でも、明日が試験となれば、あわてて勉強する。遊んでばかりいた大学生でも、今年がんばらなければ卒業できないとわかると、まじめに授業に出はじめるものだ。

もちろん、締め切りの効果は、自分にたいしてのものだけではない。うまく使えば、相手の心に枷《かせ》をはめ、こちらの思う方向に誘導することもできる。

たとえば、優柔不断な上司がいて、取引先のいってくる条件をなかなかOKしようとしない。何度も交渉《こうしょう》を続けるうちに、相手もイライラしてくる。こちらとしても、早く交渉を終わらせたい。

そんなとき、上司に「先方の上司が明後日から長期出張に出るので、なんとしても明日決定したいそうです」と伝える。すると、決定を渋《しぶ》っていた上司も、何らかの結論を出さざるをえなくなる。

逆に、相手側の締め切りを知っていれば、それを利用して相手の意見を誘導することもできる。この心理テクニックを使った有名な話に、ある日本企業がアメリカの交渉術の大家《たいか》コーエンにたいして行なったものがある。

コーエンがアメリカ企業の代理として、日本企業と交渉を行なったときの話である。来日したコーエンを出迎えた日本企業の社員は、高級車で彼をホテルへ送り届けた。そのさい、「帰りも空港まで、お車でお送りします。お帰りは何日の飛行機ですか」と聞いたのだ。

　コーエンは、何の疑いもなく、帰りの飛行機の予約日を知らせた。だが、この〝締め切り時間〟を教えたことで、交渉術の大家は自分を不利な立場に追い込んでしまったのである。

　このとき、コーエンの帰りの飛行機は二週間後だったが、その日から日本企業はコーエンを日本の観光地に案内したり、歓迎会に連れていったりとあちこち引き回したのだ。その間、交渉の時間はなしである。

はじめは喜んでいたコーエンも、しだいに焦《あせ》りが生じてくる。二週間以内に決着をつけなければならないが、日本企業側はいっこうに交渉をスタートさせる気配を見せない。

　ようやく交渉がはじまったのは、コーエンの帰国予定日の二日前。さっそく、コーエンはアメリカ側の主張を話しだしたが、それもつかの間、そのあと入っていた接待のために、交渉は早々に終了してしまった。翌日も交渉が行なわれたが、これもやはり別の接待のため、途中で切り上げられた。

　本格的な交渉がはじまったのは、帰国するまさにその日であった。帰りの飛行機の時間を気にしながら交渉をするコーエンだったが、話がまだ決着しないうちに空港に向かう時間となった。手配された迎えの車がやってきて、コーエンは車中で最後の交渉をするはめになったのである。

そんなあわただしい状況では、いかにコーエンでも自分のペースで話を進めることはできない。けっきょく、その交渉は、日本側に有利なかたちで終わった。あらかじめコーエンの〝締め切り時間〟をつかんでおいた、日本側の作戦勝ちといえるだろう。締め切りの効果は、交渉のプロのペースさえ乱してしまうのである。

「弱い脅し」がじつはいちばん効く

母親が子どもをしつけるとき、「○○しないと、××になってしまいますよ」と脅《おど》すことがある。

たとえば、「おへそを出して寝ると、カミナリ様におへそをとられますよ」「早く帰らないと、怖いおじさんにどこかに連れていかれてしまいますよ」といった言い方だ。

こうした言い方は、いっけん効果がありそうに見える。実際、子どもは母親のそういう脅しを怖がり、その場ではお腹を隠《かく》したり、「明日から早く帰ってくる」といったりするものだ。しかし、その後、子どもがいいつけを守るかどうかは、いささか心もとない。というのは、つぎのような実験結果があるからだ。

ジャニスとフェッシュバッハの行なった実験で、まず高校生を対象に口腔《こうこう》衛生の講義をする。

このとき、学生を三グループに分け、Aグループには、歯を不衛生にしていた場合、どのような不都合が生じるかを、できるだけ不安をかきたてるように話す。虫歯や歯槽膿漏《しそうのうろう》になると、こんなに苦痛を生じる、場合によってはガンにさえなるといったことを、スライドや写真を用いて説明する。

Bグループにも、歯磨きをしなかったり、口のなかを不衛生にしていると、どんな病気になるかを話す。ただし、こちらのグループには、あまり恐ろしい話はしない。手入れを怠《おこた》ると、虫歯になったり歯ぐ

きがただれるといった程度の話をし、軽い症状の写真を見せる。

Cグループには、歯磨きなど口のなかの手入れを怠ると、虫歯になるとだけ説明する。

その後、三つのグループを調査すると、講義直後、歯にたいする不安を感じる人はAグループが四二%ともっとも多く、続いてBグループが二六%、Cグループが二四%だった。

このデータだけを見ると、強く脅したほうが効果的に思えるが、その後の調査を見ると、結果はまるで違った。

実際に歯医者に行くなど、何らかの行動をとったかと聞くと、「とった」と答えた

のは、軽く説明しただけのCグループが、三六%ともっとも多かったのだ。

そのつぎがBグループの二二%で、強く脅されたAグループではわずか八%にすぎなかった。

ようするに、人を恐怖で動かそうとするときは、あまりに強すぎる脅しは、その場では効果があるように見えても、じつは逆効果になり、軽く脅しておく程度が、実際の行動には反映されやすい。子どものお腹を冷やしたくないなら、「おへそを出して寝ると、お腹が痛くなりますよ」程度にいっておくほうがいいのである。

お客の判断を惑わせる「比較」のトリックとは

数年前に登場した一〇〇円ショップは、いまや街のいたるところに見られるようになった。店舗《てんぽ》を見かけると、つい何か買ってしまうという人も多いようだが、つい不必要なものまで買ってしまったという人も少なくないだろう。

なにしろ、文具店や雑貨屋で何百円かするものが、すべて一〇〇円。そこで、つい「あら、安いわね」と不必要なものを買ったり、一つでいいところを何個も買ってしまうことになりがちだ。

これは、まさしく人間心理をうまくついた商法といえる。人は、何かと比較すると、とたんに判断が狂いやすくなるのだ。

一〇〇円ショップで小物を見たとき、頭のなかには同じような商品の別の店での値段が浮かんでくる。このとき、「ふつうは五〇〇円」といった値段が浮かぶと、それにくらべれば一〇〇円ははるかに安い。そこで、その商品が必要かどうかは関係なくなり、「安いから買おう」「得だから買っておこう」となってしまうのである。

このような、何かと比較させて判断力を狂わせる心理テクニックは、いろいろな場面で見かける。たとえば、洋服のバーゲンで、わざと前の値札をそのままつけておくのも、その一つだ。

前の値札の上に、新しく値引きした値段を表示する。「以前とくらべて、こんなに安くなりました」とお客がわかるようにしておくわけだ。

すると、お客はその洋服自体にどれくらいの価値があるかではなく、「こんなに安くなったから得」と判断を狂わせて買っていくのである。

あるいは、車の販売店が、付属品をいっしょに売るのも、このテクニックの応用といえる。一〇〇万円も二〇〇万円もする車を買ったあとでは、数万円の付属品は安く見える。そこで、ふだんカー用品店へ行っても、絶対に買わない付属品を、つい買ってしまうことになる。

また、対面販売でお客に何か買わせたいときは、最初にあえて高い商品を見せればいい。その後、ほかの安い商品をすすめれば、「これはお買い得だ」となって、財布のヒモを緩《ゆる》めさせることができる。

商品陳列《ちんれつ》でも、本当に売りたい商品の周辺に、似たような商品をやや高めに値段設定して並べておくといい。すると、お客は勝手に錯覚《さっかく》して、「こっちは安いわね」となるのだ。

「前提条件」を使って相手の答えを誘導する方法

成績のよいセールスマンは、人間心理を熟知しているものだ。心理学をとくに勉強していなくても、業務上の経験から、人はどうすれば買いたくなるかを経験的に学んでおり、それをセールスに生かしているのだ。

そんなセールスマンが使うテクニックに、「前提条件を暗示する」という方法がある。たとえば、鍋《なべ》やフライパンなどの台所用品をセールスする場合、「何か必要なものはありませんか」とか「どのようなものが、ご入り用ですか」と聞いたのでは、「いまは間に合っています」と断られてしまうのがオチである。

そうではなく、「炒《いた》めものをよくしますか。それとも煮込み料理ですか」と、具体的な選択肢《し》を提示して、質問するのだ。

そう質問されると、聞かれたほうは、「どっちが多かったかしら」と考えることになる。そこで、「炒めものが多いわね」となれば、「それなら、このフライパンがいいですよ」とすすめるのだ。

つまり、台所用品を買うか買わないかは、いっさい聞かないで、台所用品を買うことがすでに前提条件になっているかのように話を進めていくのだ。前提条件をつくることで、お客に買わなければならないという錯覚を起こさせるのである。

こうした前提条件に惑わされやすい人間心理は、つぎの実験でも明らかにされている。成城大学の堀川直義教授が行なった実験で、時計とほかのものがいっしょに写っている写真をベテラン刑事に見てもらい、何分かしてから、写真に写っていた時計の時刻を質問する。

このとき、「何時でしたか」と聞くと、「五時」「一〇時」と正確な時刻を答える人が多い。ところが、「時計が指していたのは、三時でしたか九時でしたか」と聞くと、実際には一〇時を指していたにもかかわらず、「三時」とか「九時」と答える人が増えるのだ。漠然《ばくぜん》と「何時でしたか」と聞けば正確に答える人でも、選択肢を前もって提示すると、それが間違いでもそのいっぽうを選んでしまったのである。

選択肢を提示されると、その時点で、人間の思考の幅はひじょうに狭《せま》くなる。正しいか間違っているかではなく、どちらかから選ばなければならないという方向に心理が働くためだ。

そのため、大前提となる話を飛ばし、具体的な選択肢を提示すると、相手の気持ちを自分の望む方向に誘導することも可能になるのである。

それでも買ってしまう「限定」という言葉の魔力

テレビショッピング番組には、多数の固定ファンがついている。健康器具や台所用品などをこまかく説明したあと、「この商品を今回限り、一万二八〇〇円で、二〇〇名様だけにご提供します」という番組である。見ているうちに、思わず欲しくなり、電話をしたという人もけっこういそうだ。

そして、後日、商品が届いてから「しまった」というケースもあるようだ。冷静に考えれば、値段が高かったのではないか、似たような商品がすでにあるではないか、どうせすぐに飽《あ》きて使わなくなるのではないか——届いたあと、そんなことを後悔するのである。

そこで反省し、つぎからやめればいいのだが、テレビショッピングを見ていると、また別の商品が欲しくなり、つい電話をかけてしまう。そんなテレビショッピング中毒のような人も大勢いる。

なぜ、テレビショッピングを見ると、つい欲しくなってしまうのだろうか。これは、「〇〇名様だけにご提供します」という司会者の言葉がひとつのミソとなっている。

人は、「〇〇名様のみ」「今日限り」などという限定条件をつけられると、判断に狂いが生じやすくなる。「限定」というからには、いま買っておかないと、二度と手に入らないかもしれない。早く電話しなければ、ほかの人に買われて、なくなってしまうかもしれない。数が限られていると思うと、早く決断しなければならないと焦り、冷静な判断ができないまま注文してしまうのだ。

冷静に考えれば、テレビで宣伝している以上、限定数百個のような商品数で、業者に利益が出るわけはない。それは、誘いのフレーズであって、本当は商品は山のようにあるはずだ。

しかし、「限定」という言葉を聞くと、人はそんな初歩的な判断力も働かなくなるわけだ。

逆にいうと、こちらから「○○限り」と限定条件をつければ、迷っている相手をその気にさせやすい。「これだけの値段にできるのは、本日限りなんです」とか「この商品はあと一点しか残っていません」というセールストークで、相手の決断を早めることができるのだ。

興奮した相手をすぐさま落ち着かせる話術

母親の子どもにたいする言動を見ていると、無意識のうちに心理学にかなっている行動をとるケースがある。

たとえば、子どもがころんで、ケガをしたときだ。泣いている子どもに向かって、「痛くない、痛くない」と、ゆっくり安心させるように話しかける。この母親の声を聞いて、子どもはだんだん安心してくる。やがて痛みがそれほどではないことに気づき、泣きやむのである。

これなど、まさに言葉の速度で子どもの心理を操《あやつ》っているといえる。

子どもが泣いているとき、「どうしたの！ 大丈夫！ 痛いところはどこ！」と矢継《やつ》ぎ早《ばや》に質問したのでは、子どもはますます興奮してしまう。痛いかどうかもわからないまま、さらに不安になって泣き続けるだろう。

子どもにかぎらず、人はゆっくりした話し声を聞くと、興奮していても、やがて気持ちが落ち着いてくる。逆に、相手を興奮させたかったら、こちらがわざと早口でしゃべればよい。

この〝速度〟で人の心理を操る方法は、言葉だけでなく、態度で行なうこともできる。興奮している相手を落ち着かせたいときには、意識的にゆっくりした動作で接すればいいのだ。

たとえば、何かのクレームをいいに会社までやってきた人がいたとする。このとき、怒りで興奮している相手に「まあ、落ち着いて」とでもいえば、火に油を注ぎかねない。

それよりも、「コーヒーでもどうぞ」などといって、ゆっくりした動作でコーヒーをいれ、運ぶのだ。あるいは「失礼します」と、ゆっくりとタバコに火をつけるのもいい。

こちらがゆっくりした動作をすることで、相手の興奮はしだいにおさまってくる。こちらのペースに巻き込み、冷静にさせたところで、話を聞けばいいのだ。

知らず知らずに相手の心をたぐり寄せる「確認話法」とは

デパートやスーパーへ行くと、鍋や包丁《ほうちょう》などの実演販売がときどき行なわれている。人気の実演販売では、販売員が香具師《やし》のような口上《こうじょう》で商品を説明し、集まった主婦たちの興味を引いている。説明が終わると、見ていた主婦たちは、さもいい商品に出合ったというふうに、喜んで商品を買っていく。

もちろん、実演販売では、販売員のトークが売り上げを大きく左右する。じつは、あの販売員の話し方には、お客の心をつかむための心理テクニックが駆使《くし》されているのだ。

代表的なのは「確認話法」というテクニックである。自分が実演する内容について一つ一つお客に確認していく話法だ。

「ほら、よく見てくださいよ。このフライパン、ふつうのフライパンと同じように見えるでしょ。でもね、この部分がちょっと違うんですよ」

そんなことをいいながら、フライパンを使って、実際に焼いてみるときも同様だ。

「ほら、ふつうのフライパンだと、こういうふうには焼けないでしょ。このフライパンだから、こんなにきれいに早く焼けるんですよ」

ここでまた、お客に確認してもらう。さらには、また別のものを焼いたり、あるいはほかのメリットを説明するときも、そのたびに実演しては「ね、そうでしょ」とお客に確認させるのだ。

この「やってみせたことを、いちいちお客に確認させる」という作業によって、デモンストレーターたちは、お客の思考を一定方向にコントロールしていく。お客は販売員のすることを見て、ウンウンとうなずくうちに、「これはたしかにすばらしいものだ」と、販売員のいうことを全面的に受け入れていくわけだ。

イエス、イエスと何度も確認させられているうちに、この商品はすばらしい商品であるという気になってくる。その結果、実演が終わったときには、その商品を買いたくなっているというわけである。

この確認話法は、マジックでもよく使われる方法である。マジシャンは「ここにある帽子《ぼうし》、ご覧のようにタネも仕掛けもありません。何のへんてつもない帽子ですね」などといって、お客に帽子を見せて納得させる。そして、「この帽子のなかに、このボールを入れます」といって、ボールを見せる。こうしてお客の目線や思考を、あるときは帽子、あるときはボールに誘導し、マジシャンに都合のいい方向へコントロールしていく。そして、お客は手品師の話術と手先にだまされて、あっと驚くことになるのだ。

ミエミエなほど効く「おだて」のトリック

キャバクラなど風俗店の前を通ると、「社長、かわいい子がいますよ。寄っていきませんか」と、呼び込みが声をかけてくる。呼び込みは、相手が若かろうと、およそ社長に見えないほどしょぼくれていようと、「社長」とよびかけている。

はたで見ていると、「あんなミエミエのお世辞《せじ》に、引っかかるヤツがいるのか」と思ったりもするが、これはこれでけっこう効果的なのだ。

誰しも「社長」とよばれて悪い気はしない。実際は係長止まりの人でも、「もしかしたらオレは社長に見えるのか」という気持ちさえしてくる。お世辞、セールストークだとわかっても、なんとなく自尊《じそん》心《しん》を満たされるものなのだ。

この自尊心の満足感がクセモノで、こういうとき、人の心は無防備になって相手のいいなりになりやすくなる。だから、「この店、ちょっと高いかも」と思っても、「社長」といわれるとつい入ってしまうのである。

店内に入ってからもそうだ。女のコから、「こんな話をするのは、〇〇さんだけよ。〇〇さんには、本音を聞いてほしくて」などといわれると、「もう一杯頼もう」「つぎからもこのコを指名しよう」と思ってしまう。これもやはり、「〇〇さんだけ」と特別扱いされたことが、自尊心を満足させるからである。

これも冷静に考えれば、「どのお客にも同じことをいっているに決まっている」とわかるはずである。だが、優越感をくすぐられ、心が無防備になっていると、そのことに気づかなくなるのである。

とくに、「オレはモテる」と思っている人間ほど、こういう誘いに引っかかりやすい。もともと自信があるため、ちょっとプライドをくすぐられるだけで、「やはり、オレはモテるんだ」と、いいほうに解釈してしまうのだ。

もちろん、これは水商売にかぎった話ではない。ＤＭ（ダイレクトメール）に「あなたは一万人のなかから選ばれました」「あなただけに特別割引サービスします」といったフレーズがあると、つい興味をもってしまうのも同様の心理から。このときもやはり、「自分は運が強い」とか、「自分は能力がある」と思っている人ほど、引っかかりやすい傾向がある。

相手の心を無防備にさせ、こちらの思いどおりにしたいときは、相手の自尊心を思う存分くすぐってやればいい。「あなただから、こんなことを話せるんです」などと優越感をくすぐる言葉を使えば、相手はこちらの話に乗ってきやすくなるはずだ。

相手の決断を誘導したいなら「理由づけ」を与えよ

人は「理由づけ」に弱い動物である。理由づけがあると、妙《みょう》に強気になり、ないと弱気になる。明治維新直前に行なわれた戊《ぼ》辰《しん》戦争など、まさにその典型であった。

戊辰戦争は、一八六八年一月三日からの鳥羽伏見《ふしみ》の戦いによってはじまるが、このとき、軍事的に優勢だったのは、兵力で圧倒的に勝《まさ》っていた幕府軍だった。

しかし、戦いは、薩長軍の勝利に終わる。勝敗を分けたのは、戦うための理由づけの存在だった。

鳥羽伏見の戦いの最中、薩長軍はみずからが天皇の軍であることを示す錦《にしき》の御旗《みはた》を掲《かか》げた。これによって、薩長軍は、自分たちは天皇の軍、すなわち官軍《かんぐん》であるという理由づけを手に入れ、にわかに活気づいたのである。

いっぽうの幕府軍は、錦の御旗が出たことで、天皇の敵、すなわち賊軍《ぞくぐん》となり、士気がみるみるおとろえていった。「幕府のために」という名分《めいぶん》よりも、「天皇のために」という名分のほうが、すでに強い時代になっていたのだ。勢力からすれば圧倒的に有利だった幕府軍は、士気を失い、敗走するはめになった。

この理由づけの〝威力〟には、戦争にかぎらず、日常のちょっとした場面でも、けっこう出くわすものだ。

パート勤めをしている主婦が、その日ちょっと残業したことを〝理由づけ〟にして、夕飯を出来合いの惣菜《そうざい》やレトルト食品ばかりですませるのも、その一つといえる。

あるいは、子どもが喜ぶことを〝理由づけ〟にして、子どもといっしょにプールに行っては、女性の水着姿に鼻の下を伸ばしている父親も、そういえるかもしれない。

つまり、何らかの正当な理由づけがあれば、日ごろはやりにくいことでも、けっこう堂々とできるものなのだ。

だから、相手が何かしようと迷っているときには、その行動を正当化する理由を与えてやればいい。すると、相手の決断を早めることができるはずである。

たとえば、高価なデジタルカメラを買うか、安いカメラを買うかで、迷っている男性客に、「こちらのカメラなら、奥様やお子さまでも操作が簡単ですよ」といって、高価なカメラをすすめる。自分のためだけなら高いと思っている人でも、「家族みんなのため」という理由があると、買おうという気になるものである。

この場合、「家族のため」「子どものため」といった理由づけが、客の判断を狂わせ、高い商品を買わせるうえで、絶妙のセールストークになるわけだ。

色のパワーでやる気をコントロール！

子どもの勉強嫌いで困っている親は少なくない。ちょっと机《つくえ》に向かったと思うと、すぐに飽きてゲームをはじめたりするわけだが、そんなとき「遊んでばかりいないで、すこしは勉強しなさい」というのは、往々《おうおう》にして逆効果になる。ますます、子どものやる気を失わせかねない。

子どもに勉強させたいのなら、ガミガミいわず、黙って部屋のなかの色を変えてみてはどうだろう。それで、子どものやる気を引きだせるかもしれないのだ。

子どものやる気と色の関係については、小中学生を対象にしたつぎのような実験が行なわれている。

その実験では、教室にある机と同じ大きさの紙が用意された。紙の色は赤、ピンク、オレンジ、黄、黄緑、濃緑、水色、紺《こん》、茶、灰色の一〇色で、子どもたちに好きな色を選ばせる。その紙を机の上に敷き、上から透明のビニールシートをかぶせて授業を受けさせたのだ。

すると、性別や年齢を問わず、子どもた

ちがもっとも多く選んだ色は水色だった。二位以下は、性別や年齢によってまちまちで、小学生の男子は緑、女子は黄、中学生の男子は黄、女子は灰色だった。

　そして実験の最後に、自分で選んだ色の机で勉強した感想を聞くと、総じてふだんよりも勉強への意欲が高まっていることがわかったのである。

　ちなみに、この水色は、別の調査では中学生がもっとも好む色であった。

　東京・大阪・名古屋・札幌・仙台・横浜・福岡の公立中学の二年生を対象に好きな色を調査したところ、水色と答えた子どもが二二・五％とダントツの一位だったのだ。

　また、小学生を対象にして教科別に机の色を変えさせたところ、国語の時間には黄、黄緑、緑を選ぶ子どもが多かった。理科の時間では紺や水色が多く、社会の時間では黄、黄緑、緑を選ぶ子どもが多いという結果も出ている。

　こうした結果を見ると、どうやら子どものやる気を高める色があるようだ。そう考えると、いつも「勉強しなさい」というだけでは、親として芸がない。机や椅子《いす》、部屋の壁紙やカーテンなどの色を、子どもに選ばせてみる。それだけで、子どもは多少は勉強好きになるかもしれない。

男だけがエジキになる「赤」の興奮効果とは

スペイン名物の闘牛では、闘牛士は赤いマントをヒラヒラさせて、牛と闘う。赤いマントが使われる理由は、「牛は赤い色を見ると興奮するから」といわれるが、本当は、牛は色ではなく、マントのヒラヒラした動きに反応している。

では、なぜ赤いマントを使うかだが、これは牛よりも、闘牛を見ている観客を興奮させるためといえる。人間は赤い色を見ると、興奮したり緊張状態になって、血圧が上昇し、脈拍数が増える傾向があるのだ。

この人間心理をうまく利用しているのが、水商売である。スナックやバーでは、店内の照明を赤っぽくしているところが多い。これは、店内を赤くすることで〝興奮効果〟を期待しているからなのである。

赤い照明のもとで女性を見ると、男性客はふだん以上に気分が高揚《こうよう》しやすくなる。興奮すれば、その店の女性がいっそう魅力的に感じるというわけだ。

さらに、店内を赤くすると、女性が美人に見えるという効果もある。赤い照明のもとでは、物体の正しい容積や形がつかみにくくなる。十人並みの顔をした女性が、目鼻立ちの整った美人に見えたり、ずんどうの女性がグラマーに見えたりするわけだ。

さらに、赤い空間のなかでは、人間は時間を長く感じる傾向がある。まだ一時間しかたっていないのに、二時間もいたような気になるのだ。そこで、実際には一時間しかいなくても、十分楽しんだ気がして、

「とりあえず、この店は出ようか」という気分になりやすい。店としては回転率が上がって、好都合なのである。

そんなわけで、お客の心をとらえるなら、さまざまな点で判断力を狂わせる赤い照明が効果的なのだ。

ただし、これらの〝興奮効果〟は、女性にはほとんど期待できない。赤に興奮するのは、血の色だからという説があるが、その色を見て気分が高揚するのは、もっぱら男性だけなのだ。

料理の味を実際以上においしく思わせるトリック

おいしい料理を作るには、いろいろな気配りが必要だ。まずは、素材が肝心《かんじん》であり、どんな調味料を使うかも重要である。熱い冷たいといった温度管理も大切だし、香りも大きな要素になる。

そんななかで、忘れられがちなのが、料理の色である。色は、味覚に関して、意外に大きな役割を果たしていて、見た目の色で、料理のうまいまずいが決まる場合は少なくないのである。

たとえば、こんな実験がある。

同じカップに、同じ豆でいれたコーヒーをそそぐ。それぞれのカップの横には、コーヒー缶を置いておくのだが、このラベルの色を被験者ごとに違うものにしておく。使用したのは赤、黄、緑で、被験者がその色のラベルのコーヒーを飲んだと思うようにした。そうした状態で、数十人の被験者に、三つのコーヒーを飲みくらべてもらった。

結果は、赤いラベルの缶の横にあったコーヒーが、味も香りもよいと判断する人がいちばん多かった。そして、黄色いラベルの缶の横のコーヒーは味が薄く、緑ラベルの缶の横のコーヒーは酸《す》っぱいと感じた人が多かった。

同じコーヒーであるにもかかわらず、被験者は色によって味覚が左右されたのである。多くの人は、見た目でも味を感じているというわけだ。

また、料理の世界では、器《うつわ》も熱い料理には暖色系のもの、冷たい料理には寒色系のものを使うといいといわれる。これもやはり、見た目の印象で、食べる人間の心理的な錯覚を

引き起こそうというものだ。

もちろん、器だけでなく、料理そのものの配色も、人間心理に強く働きかける。味覚感応《かんのう》テストの専門家によると、カレーライスをうまいと感じさせる盛りつけ方があるという。

それは、ご飯の部分が三、カレーの部分が五の割合で見えるように盛りつける方法だ。この三対五の色の配分が、カレーライスの盛りつけの「黄金比率」になるのである。

この黄金比率は、カレーライスだけでなく、多くの料理に当てはまる比率で、ハヤシライスはもちろん、トンカツとキャベツの割合も、この比

率を用いると、実物以上においしく感じる人が増えることがわかっている。

重い荷物を軽いと錯覚させて運ばせる知恵

結婚式の披露宴《ひろうえん》というと、評判のよくないことが多い。量ばかりあってあまりおいしくない料理、延々と続く来賓《らいひん》の祝辞、そして重くてかさばる引き出物である。

これから電車を乗り継いで家まで帰らなければならないのに、重たい引き出物をもらってしまい、フーフーいいながら、家まで持って帰ったというのはよく聞く話である。

招待客にそんな思いをさせたくないなら、引き出物の包装紙や紙袋の色を工夫するのも一つの方法だ。

黒や赤ではなく、白や明るい色を使うのだ。そういう色には、重いものを軽く感じさせる心理効果がある。

アメリカのL・チェンスキンという色彩《しきさい》心理学者は、つぎのような事例を報告している。

ある工場で、製品を運ぶのに黒い金属の箱《はこ》を使っていた。すると、やがて工員たちから、「重すぎて背骨が折れそうだ」という苦情が出るようになった。

このとき、会社側は、箱の中身を減らしたりはしなかった。その代わりに、黒い金属の箱をライトグリーンに塗り替えたのだ。

そして、工員たちには、箱の中身に関してはふれず、このライトグリーンの箱を使わせた。

するとと、工員たちからの苦情が、パタリとやんだのだ。「軽くなったので、運ぶのもラクになった」というのである。実際、工員たちの動きは素早《すばや》くなり、作業はスムーズに進むようになったという。

このように、色には、ものの重さを錯覚させる力があり、もっとも重く感じるのは黒、続いて、赤、緑、青、紫の順となる。

逆に、いちばん軽く感じるのは、白。ライトグリーンのような、淡《あわ》い色も軽さを感じさせやすい。黒系でも、白が混ざったグレイなら、そんなには重くは感じない。

そういえば、引っ越し業者や運送業者が使うダンボール箱には、白い箱が増えている。これも、重い引っ越し荷物を、すこしでも軽く感じさせるための心理テクニックかもしれない。

外見を飾るだけで内面の評価も上がる

若い男性のなかには、給料が安いくせに、ブランド物の服や腕時計を身につけたがる人がいる。

そんな若者にたいして、「外見をよくする前に、仕事を覚えろ」と苦々しく思っている人もいることだろう。

だが、外見をよくすることは、仕事上けっしてムダなことではない。外見のいい人間は、そうでない人間よりも、高い評価を受ける心理傾向があるからだ。

この心理効果については、過去にさまざまな心理実験が行なわれてきた。たとえば、服装については、こんな実験がある。

電話ボックス内のよく見える位置に、わ

ざと一〇セント硬貨を置き忘れておき、つぎの人が電話ボックスに入るのを待って、ボックスのドアを叩《たた》く。そして、なかの人に、「一〇セント硬貨を置き忘れたのですが、なかったでしょうか」と聞く。

このとき、きちんとした服装でたずねた場合は、七七%の割合で一〇セント硬貨を返してもらえた。

ところが、みすぼらしい服装でたずねると、三八%の割合でしか返してもらえなかった。きちんとした服装をしているほうが、相手から信用されやすく、正直な対応をされやすいのだ。

外見のいい人間が、好印象を受けやすいのは、服装にかぎった話ではない。身長についても、同様のことがいえる。

身長の高い人と低い人とでは、高い人のほうが人に好印象を与え、優秀な人間と見られやすいのだ。

会社の人事課の人に、身長が一八二・五センチの人間と、一六二・五センチの人間の応募書類を見せ、どちらを採用するかを答えてもらった実験がある。

このとき、身長以外の二人の能力はほぼ同じだったにもかかわらず、大半の採用者が、一八二・五センチの人のほうを選んだのである。

また、ピッツバーグ大学の卒業生の初任

給を調べたところ、身長が一八〇センチから一九〇センチの人は、一八〇センチ以下の人よりも、平均で一二・四%も給与が高かったという。背の高い人は、女性にモテるだけでなく、仕事でもなにかと得ができるというわけだ。

4

相手を封じこめるワルの知恵──

身勝手な一匹狼、じつは「孤立」にすごく弱い

人の評価を揺さぶる「うわさ」の威力とは

女性週刊誌の目次には、人の興味を引くタイトルが並んでいるものだ。「○○、失恋で拒食症。女優生命のピンチ」「おしどり夫婦が離婚の危機」といったものだが、実際に記事を読んでみると、じつはピンチでも何でもないことがある。

「ロケで弁当を残した」だけの話が失恋で拒食症に拡大解釈されていたり、「妻の演技が好評」→「離婚の危機」になっていたりするのだ。それはそれで、ちょっとした話をスキャンダルにまで発展させる雑誌編集者のテクニックといえるが、似たようなことは身近でもよく起きている。

たとえば、課長と同じ課のOLが、喫茶店でいっしょにいるのを見かけたとする。その話を「さっき、課長とAさんが喫茶店にいっしょにいるのを見たんだけど」と同僚に伝える。

これを聞いた同僚は、それをまた別の同僚に伝えるだろうが、このとき話は正確には伝わらない。「課長とAさんが喫茶店で親しそうに話していたらしい」と、話はオーバーに表現されることになる。

その同僚は、また別の同僚に「課長とAさんは、デキているらしい」と、さらに拡大解釈して伝えるといった具合に、話はどんどん大きくなっていく。

うわさ話というのは、とかく伝わる過程で、どんどん大げさになっていくものなのだ。

このことは、実験でも確認されている。

心理学者のカール・メニンジャーが行なったもので、キング夫人に関するうわさをAからJまで一〇人の女性が、電話で次々に伝えていく実験だ。

まず、Aは「キング夫人は、今日はどちらかへお出かけかしら。ご病気かしら」と伝える。すると、それを聞いたBは、Cに「A夫人が、キング夫人は病気らしいと心配していたわ」と伝える。Cは「キング夫人が病気らしいわ。重くならなければいいけど」とDに伝え、DはEに「キング夫人が重病ですって。早くお見舞いに行かなきゃ」という。

さらに、EはFに「キング夫人がひどく悪いそうよ。Dさんがよばれたんですって」、FはGに「キング夫人が危ないらしいわ。親戚《しんせき》の方も集まっているそうよ」、GはHに「キング夫人のことご存じ？ もうお亡くなりになったのかしら」、HはIに「キング夫人はいつお亡くなりになった

の」、ＩはＪに「キング夫人のお葬式にはいらっしゃいますか？　昨日お亡くなりになったんですって」と伝わって、ついにキング夫人は死んだことになってしまったのだ。

たった一〇人のあいだを伝わるだけで、これである。このうわさ話の仕組みを利用すれば、小さなうわさをもとにして、大きなデマを作り上げることも可能だ。自分でつくったデマではないから、デマだとわかってもリスクを負う心配もない。

たとえば、疎《うと》ましい同僚Ｂがいたとして、彼に関するちょっとしたうわさを流す。「Ｂが同僚のＣからカネを借りているのを見た」といった具合の話だ。そこから、「ＢはＣにずいぶんお金を借りているらしい」→「Ｂはお金に困っているようだ」「Ｂはあちこちに借金を頼んで回っている」→「Ｂはサラ金に追われて大変だ」と話が広がっていかないともかぎらない。

そんなうわさが上司の耳に入れば、Ｂの印象はずいぶんと悪いものになるだろう。

こんな仕打ちを受ければ人は自らダメになる

不況業種には、いちばん忙しい仕事は社員をどうリストラするかだという企業もある。社員を退社に追い込むため、あの手この手の策を弄《ろう》している会社もあるようだ。

そんな企業が行なうやり方の一つに、辞めさせたい社員を陽《ひ》も当たらない一室に異動させるという方法がある。そして、仕事はいっさい与えない。そこに異動した社員の〝仕事〟は、せいぜい日がな一日新聞を読むことくらいである。

いっけん、それで給料がもらえるのだから、いい仕事だと思えなくもない。しかし、これがリストラにつながるのは、当の本人にすると、これほどつらい話はない。誰にも必要とされず、邪魔者《じゃまもの》扱いされて日々を過ごしていると、自分が本当に無能な人間になったような気がしてくる。それがつらくて、やがて自分から辞めていくようになるのだ。

すこし前まで自信に満ちて仕事をしていた人でも、このような仕打ちにあうと、自分は本当にダメな人間だと思いはじめるのは、心理学的には、一種の「退行現象」といえる。退行現象は、弟や妹の生まれた子どもによく見られるものだ。

たとえば、親の愛を一身に受けていた一人っ子の家に、弟か妹が生まれると、親の関心はどうしても生まれたばかりの赤ん坊に集まる。すると、それまで一人で着替えをしたり、トイレに行くことができた上の子が、突然オネショをしたり、服を自分で着られなくなってしまうのだ。

これと同様のことが、周囲から無能扱いされた大人にも起こることがあるのだ。閑職《かんしょく》に回された人は、そうなることを無意識のうちに恐れて辞めていくともいえる。

こういう方法を用いれば、そうした現象をあえて作りだすことで、ライバルや生意気な部下を無力化することも可能になる。

まず、相手のいうことを徹底的に無視するのである。相手が意見をいってきても、すべて却下《きゃっか》する。多少仕事でいい成績をあげても、そんなものはたいしたことではないと無視する。

そういうことを続けるうちに、相手は自信を失い、やる気を失い、しだいに無能化していく。やがては、本当に仕事をする気力もなくなり、自滅していくのである。

もっとも、これが成功するかどうかは、相手の性格によるところが大きい。外向的な人は、社内で無能者扱いされても、社外でストレスを発散できるため、効果は薄い。逆に、内向的な人は、ストレスがどんどん心に沈殿《ちんでん》するため、こちらの思惑《おもわく》にハマりやすい。

会話の主導権をつかむ目線の心理術

会話中、相手の顔から視線をそらすと、ふつうは「自信がない」とか「隠しごとをしている」と、受けとられかねない。だから、一般的には「相手の目を見て話しなさい」といわれる。

しかし、心理学的に見ると、会話中、あえて目をそらすことが効果的になる場合もある。議論を有利に進めたいとき、わざと目をそらすと、相手をこちらのペースに巻き込めることがあるのだ。

議論の最中、相手から突然目をそらされると、そらされたほうは「自分は何か悪いことをいったのではないか」と、ふと弱気になったりする。「何か気にさわることをいったのではないか」「シラケるようなことをいったのではないか」と考えてしまい、その後、思いきって自分の意見をいいづらくなる。

そこで、心理的に優位に立つため、あえ

て自分から目をそらすというテクニックが成立する。そうすることで、相手を不安にさせれば、自分のペースで話を進めやすくなる。

逆に、負けまいとして、相手の目をじっと見つめるのは、意に反して、相手の話を興味深く聞いているというサインになってしまう。「自分の話を聞いてもらっている」と相手を勢いづかせることにもなるので、議論中に見つめるのはほどほどにしたほうがいいのである。

気持ちで負けないための自分の「テリトリー」をもて

最近は、サッカーの日本チームが世界の強豪と五分に渡り合い、勝つことも多くなった。とくに、ホームでは、かなりの勝率を誇っている。

そもそも、サッカーでは、自国で行なわれるホームの試合は勝つのが当たり前で、格上の相手に勝つのも、それほどめずらしい話ではない。アウェイで勝ってこそ、その国に本当に勝ったといえる。

実際、ホームでは1対0で勝ったのに、アウェイでは5対0で負けたという話はザラにある。

ホームゲームが有利なのには、さまざまな理由がある。

気候や食べ物に慣れていること、グラウンドにも慣れていて有利な試合運びができること。さらに、応援の問題もある。自国でやれば、観客はほとんど自分たちの味方である。スタンドからの大声援が、選手たちを力づけ、ときには審判のジャッジも有利にしてくれる。

いっぽう、相手国で行なう試合は、これらがすべて、不利に働く。慣れない言葉、慣れない風土のなか、観客のブーイングを浴びながらの試合では、気持ちは萎縮《いしゅく》し、なにかとプレーしにくい場面が出てくる。

自分のテリトリーで戦うほうが有利なのは、スポーツにかぎった話ではない。商談を行なう場合でも、同様のことがいえる。たとえば、相手の会社の会議室で話をするとなると、必要以上に緊張したり、気持ちが萎縮しやすい。また、使いなれないホテルや料亭などで接待するときもそうである。

逆に、相手を萎縮させようと思えば、自分のテリトリーに相手を引きずり込んで、商談や接待を行なえばいい。

たとえば、喫茶店一つにしても、「いつものコーヒー」といえるような場所を選ぶのだ。自分のテリトリーであることが、自分をリラックスさせ、逆に、相手にはプレッシャーとなるのだ。

不満分子を黙らせるには「会議」に引きずり込め

民主主義というのは、なにかと手間ひまがかかるもの。選挙や長時間の討論が必要で、独裁者が一人いて、何でも勝手に決めるのにくらべれば、多くの時間とお金がかかる。事柄によっては、みんなの意見がまとまったころには、手遅れというケースもある。

しかし、それでも民主主義に勝《まさ》る制度はないわけだが、心理学的にいっても民主主義にはほかの制度にはない長所がある。

それは、参加者の帰属意識を高めやすいことである。人は、討議や選挙など意思決定の場に参加すると、その決定にたいして責任感をもつようになるのだ。

たとえば、こんな調査がある。輿論《よろん》科学協会が行なったもので、女子学生を二グループに分け、いっぽうには「赤痢《せきり》を予防するには、手を洗う習慣をつけることが大切である」という趣旨《しゅし》の講演を聞かせる。そして、もういっぽうには、「赤痢を予防するには、どうすればいいか」というテーマで議論を行なわせ、結論を「手洗いを励行《れいこう》する」という方向にもっていくようにする。

その後の女子学生の行動を調査したところ、講演を聞いただけのグループよりも、自分たちで議論をしたグループのほうが、手洗いをよく励行していた。えらい人から一方的に「こうしたほうがいい」といわれるより、みんなで「こうするといい」と決めたほうが、決めたことを守ろうという気持ちになりやすいのである。

この人間心理を使えば、組織のなかの不満分子をコントロールすることも可能になる。

何かを決めるとき、不満を並べ立てそうな人間をかならず議論に参加させておくのだ。すると、たとえ自分の意見が通らなくとも、彼はその意思決定の場にいたというだけで、表立って不満はいいにくくなる。うまくいけば、不平不満の多い人物を、意思決定のリード役に変えることも可能だ。

これをうまく使った例に、アメリカのルーズベルト大統領のニューヨーク州知事時代のエピソードがある。

当時の州議会議員たちは、ひじょうに意欲が低く、さまざまな案件が議会で滞《とどこお》っていた。そのとき、ルーズベルトは、州政府の重要ポストの人選を自分で行なわず、すべて彼らに決めさせることにした。

ただし、議会が推薦《すいせん》した人物が、自分の気に入らない場合は、世論の反対を理由に却下《きゃっか》する。そうしてあらたに人選を行なわせ、最終的にはすべてのポストに自分が気に入る人物をつけたのだ。

けっきょくは、ルーズベルトの思惑《おもわく》どおりの人選になったのだが、この手順を踏んだことで、州議会議員たちは自分たちで重要ポストを決めたと〝錯覚〟。以後、議員たちは、俄然《がぜん》やる気をみせるようになったのである。

多少手間ひまがかかるように見えても、関係者をより多く討議に参加させるほうが、反発が少なくなり、その後のことがスムーズに運びやすいというわけである。

会議で反対意見を封じるワルの下工作とは

スポーツ観戦に行くと、客席でウェーブがはじまることがある。端《はし》のほうの観客から順番に、両手をあげながら立ち上がる。立ち上がったら、すぐに手を下ろして座る。この動作に観客が次々に参加すると、遠くから見ると、ウェーブ（波）が起きているように見えるのだ。

しかし、なかにはウェーブに参加するのに、乗り気でない人もいる。「スポーツを見にきたのに、なんで立ったり座ったりしなきゃならないんだ」「そんな子どもっぽいことができるか」というわけだ。

しかし、そんな気分の人も、観客席が波うって、自分の番が近づいてくると、まわりにつられてつい立ち上がることになる。立ち上がらないと、自分だけ浮いている、周囲から非難の目で見られそうな気がするからだ。そうした状況のなかでは、本当はやりたくなくても、まわりに合わせて楽しんでいるフリをしなければならないという心理になりやすい。

こうした、つい人と同調してしまう心理の動きは、つぎのような実験でも確認されている。

大学生に心理実験に協力してくれるよう頼むのだが、そのとき、クラスのなかにサクラを用意し、「こういう要請《ようせい》があったら、手をあげてほしい」と事前に頼んでおく。そして、別のクラスでは、サクラを用意し

なかった。

すると、サクラを用意しておいたクラスでは、用意しなかったクラスの倍以上の協力者があらわれたのである。まわりが手をあげたため、かなりの数の学生がつられて手をあげてしまったというわけだ。

この心理効果を使うと、反対意見の人を、自分の意見にしたがわせることも可能になる。

たとえば、会議の席で、自分と反対意見の人が出そうだとする。そのとき、ほかの人たちに事前に根回しし、自分の意見に賛成してもらうようにしておくのだ。

周囲がみんな賛成であり、それで会議がスムーズに進むような雰囲気《ふんいき》をつくれば、反対したい人も自分だけ反対意見をいえなくなる。

商品を売るときにも、この手は使える。

「この商品は、こんなにすばらしいんです」と説明したとき、あらかじめ用意しておいたサクラに、「本当ね」「使いやすそう」とほめてもらう。そして、その商品を買えば、ついつられて買う客がどんどん出てくるのである。

「同調行動」の心理を突けば難敵も手玉にとれる

日本人は、とくに横並び志向が強いといわれる。たとえば、親は子どもから、「クラスの子、みんながもっているんだよ」といわれると、つい買ってやらなければならない気持ちになるものだ。

これなどまさに、典型的な横並び心理。人と違ったことをしたり、仲間からはずれるのが怖くて、ついみんなと同じ行動をとってしまうのだ。

もっとも、この横並び志向は、日本人にかぎった話ではなく、外国でも多くの人に見られる心理である。アメリカの心理学者が行なった実験でも、こうした行動を見ることができる。

実験では、三人の被験者に光の自動運動を見せて、どれぐらい動いたかを報告させた。暗闇《くらやみ》のなかに浮かぶ光の点をじっと見ていると、やがて光が上下左右に動いているような気がしてくる。これを光の自動運動とよぶのだが、その動いたと思える長さを報告してもらうのだ。

光を見せたあと、最初は三人を別々の部屋に入れ、長さをいってもらう。この答えは、三人ともまったく違うものになる。ところが、その後、三人を同じ部屋に入れて、長さを答えてもらうと、三人の意見は最初とだんだん変わってくるのだ。

長かったと答えていた人は「いや、もっと短かったかな」となり、短いといっていた人は「もっと長かったかも」といった具合に意見を修正し、最後は三人の答えがまったく同じになるのだ。「人と違うことをいうのはいやだ」という思いが、意見を変えさせていくというわけだ。

こうした行動を心理学では「同調行動」とよぶが、これを知っていれば、人の意見をコントロールすることは簡単である。意見を変えさせたい相手にたいし「その意見はみんなと違う。みんなの意見はこうだ」ということを理解させればいいのである。

たとえば、反対意見をいいそうな人がいる場合、先にその人のいないときに仮決定を下してしまう。あとで仮決定を報告し、それに反論する気配があれば、「きみ以外は全員賛成なんだが」といえば、相手はそれ以上の反論ができなくなるはずだ。

根回しをするときも同様で、賛同してくれそうな人から先に根回しをスタートする。賛同者の数を増やしたあとで、むずかしそうな人のところへ行き、「みんなは、もう賛同してくれています」といえば、彼からの賛同も得やすくなるのだ。

圧倒的多数派の壁を突き崩す法

一人対一〇人、あるいは一人対一〇〇人のケンカというと、ふつうは一人のほうが負けるはずである。

だが、こと意見を通す場合に関しては、数が多いほうが有利とはかぎらない。むしろ、やり方によっては、一人のほうが有利になることもある。

このことをよく知って実際に生かしていたのは、某大手スーパーの経営者である。話は、スーパーの出店をめぐってである。

大手スーパーが出店するときには、かならず地元商店街と衝突《しょうとつ》してきた。大手スーパーに出店されると、地元の商店は値段、品ぞろえで勝負にならない。地元客の多くが大型店に流れ、それまで細々とやってきた地元商店は、さらに経営が苦しくなる。それでは、商店主たちの暮らしが立ち行かなくなるのはもちろん、地域経済の地盤沈下にもつながる。

そんなわけで、スーパー出店の反対運動が起きるのだが、これにたいしその大手スーパー側は、ことごとく反対運動をおさえ、出店を実現してきた。そんなことができたのは、地元反対派が大勢なのにたいし、スーパー側はワンマン経営者がいっさいの決定権を握っていたからである。

経営者が一人で決めているから、「ここに出店する」となると、その意見が変わることはない。ところが、反対派は多数いるから、その思惑もさまざまである。絶対反対という人もいれば、条件しだいではＯＫという人もいる。なかには、補償金目当ての人もいるだろう。

そうしたなか、反対派はおたがい疑心暗《ぎしんあん》鬼《き》に陥《おちい》り、だんだん意見が分裂してくるのだ。スーパー側としては、そうなるのを待ち、弱いところから狙っていけばいい。

多数派には、そうしたもろさがある。いっけん、多数派が強いと思えるのは、「多数派」という集団で見ているからだ。多数派も一人ひとりから成り立っていると考えれば、恐れるほどのこともない。むしろ一《いち》枚岩《まいいわ》ではないと考え、分裂を図ればいい。

たとえば、一人に意見をいわせ、また別の人に意見を聞く。くわしく聞けば聞くほど、意見の違う部分が出てくるものだ。その点を突っ込んでいけば、おたがい仲間と思っていたのが、じつは違う考えの持ち主だったことに気づく。

そうなれば、もう彼らは多数派ではなく、烏合《うごう》の衆となり、翻意《ほんい》させることも容易になるのである。

ソリの合わない相手はこうして味方に引き入れよ！

小中学校でのいじめも、識者《しきしゃ》の話によると、その内容は昔とずいぶん違ってきているという。とくに違ってきたのは、いじめられる子どものタイプである。

かつては陰気《いんき》だとか、浮いているとか、

いじめられる子には、ある種の特徴があった。ところがいまでは、いじめられる子に、とくに決まったタイプはない。昨日までみんなと仲良くしていた子が、突然いじめの対象になることが少なくないのだ。

そこで、子どもたちにどうしてその子をいじめるのかと聞くと、その子自身にははっきりとした理由が見当たらない。ただ、誰かをいじめないと、自分がいじめられるので、誰でもいいからいじめるというのだ。

困った話ではあるが、これはこれで、子どもなりに自分の身を守るための処世術ということもできる。

人間には、「共通の敵をもつと、連帯しやすい」という傾向がある。いじめられっ子というクラス共通の〝敵〟をつくれば、クラスのほかの子たちと仲良くしやすくなるわけだ。

この心理は、人間のなかにある「同調の心理」と関係している。他人と仲間になりたい、他人と同じ行動をとりたいという心理であり、人間なら誰しももっているものだ。

この同調の心理は、共通の敵がある場合には、ひじょうに働きやすくなる。上司という共通の〝敵〟の悪口をいうことで、同僚同士が仲良く酒を飲めるのも、この心理からといえる。同級生をいじめる小中学生も、この心理メカニズムを無意識にでも使っているといえるだろう。

これをさらに意識的に使えば、気に入らない相手でも味方につけることができる。

たとえば、赴任《ふにん》してきた同僚と、どうもソ

リが合わない。にもかかわらず、いっしょにプロジェクトを手がけることになった。

そんなときは、ほかの部署や他社に、共通の〝敵〟をつくればいい。「このプロジェクトに失敗すると、ウチの課は○○課に吸収され、われわれは真っ先にリストラの候補になるらしい」とか、「このプロジェクトを成功させると、○○社を抜いてシェアが業界一位になる」といった話をする。

よく、「敵の敵は味方」というが、敵を「憎い」と思う気持ちがあれば、多少気に入らない相手とも同調しようという気になるのである。

身勝手な一匹狼、じつは「孤立」にすごく弱い

組織で働くからには、ある程度の協調性が必要だ。しかし、なかには協調性に乏《とぼ》しく、集団から浮かび上がる人物もいる。

一人で先走った行動をとる、上司や先輩の意見に耳を傾けないといった調子だが、そういう人間にかぎって「つまらない人間を相手にするくらいなら、一人でいたほうがいい」と、実力もないのに、一匹狼《いっぴきおおかみ》を気どったりする。

個人主義が徹底しているアメリカならともかく、人の和を重視する日本でこの手の人間がいると、組織の士気にも影響を及ぼしかねない。こういう人間を変心させるには「孤立する不安」を与えるのも一法だ。

アメリカの社会心理学者シャクターは、「人間は不安を抱く状況に置かれたとき、その不安を誰かと共有したくなる」と語っている。そこで、孤立する不安を与え、誰

かに頼らざるをえない状況をつくるのだ。

実際、「一人のほうがマシ」といっている人でも、完全に孤立すると、どんどん不安になっていくものだ。とくに、企業で生き残るためには、ある程度の情報が必要であり、完全に孤立していては、その情報すら入ってこない。

そこで浮いている人間にたいしては、彼が孤立しているような状況をあえてつくってしまう。みんなが知っている情報を、彼一人には知らせない。あとで「この情報を知っているか」と聞いて知らないとなれば、彼は自分が孤立していることが不安になるはずである。

このとき、さらに孤立への不安をあおる。「最近、おまえに関するいい評判を聞かないぞ」「ちょっとヤバイ雰囲気があるんじゃないか」などといっておく。こうして不安な気持ちが日々つのり、人を頼りたくなる状況に追い込んでいくのだ。

そのいっぽうで、「オレからみんなに話してみるけど」「また気づいたことがあれば話すよ」と援助の意思を示しておく。すると、相手は味方は一人しかおらず、こいつに頼るしかないという気持ちになる。

そうなればしめたもので、相手はこちらのいうことを、素直に聞くようになる。その後、彼の言動をコントロールすることは、そうむずかしくはないはずだ。

自分への非難を最小限にくい止める方法

アメリカの初代大統領ワシントンが、子ども時代に桜の木の枝を折ったという話は有名だ。折ったことを素直に認め、謝《あやま》った。その正直さが父親から評価されたというもので、道徳の本などに出てくる。

だが、この話は道徳だけの問題ではなく、人間心理を扱うための教訓話としても読むことができる。失敗や過《あやま》ちを犯したときは、素直に謝ったほうが、人からの評価を高めることができるからだ。

つぎのような心理実験がある。被験者にアシスタントをつけて、ある課題に取り組んでもらう。そのとき、アシスタントがわざと失敗をし、与えられた課題をうまくこなせなくする。その結果、被験者は、実験者から低い評価を受けることになるという設定だ。

このあと、アシスタントは、つぎの四パターンの行動をとった。

一つは、被験者と実験者の前で、自分のミスを謝るというものだ。そうすると、課題の失敗は被験者の責任ではなく、アシスタントのせいであることが、実験者にわかる。

二つ目は、実験者のいないところで、被験者だけに謝る。この場合は、実験者には、アシスタントがミスしたことは伝わらないので、被験者が受ける評価は低いままである。

三つ目は、アシスタントはまったく謝罪《しゃざい》しないというものだ。ただし、実験者がアシスタントのミスを発見し、課題の失敗が被験者の責任ではないと、のちにわかる。

四つ目は、アシスタントは謝罪しないし、実験者もアシスタントのミスに気づかない。そのため、被験者の評価は低いままというものである。

以上の実験を行なったあと、被験者にアシスタントの技能についての評価をしてもらったのだ。

すると、一つ目、二つ目のように被験者に謝った場合、アシスタントは高い評価を

得ることができた。そのさい、被験者の評価が上がったかどうかは、関係がなかった。いっぽう、三つ目や四つ目のように謝らなかった場合は、たとえ被験者の評価が落ちなかったとしても、アシスタントにたいする評価は低くなった。

つまり、被験者がこだわったのは、自分の評価が高まるかどうかではなく、アシスタントに謝ってもらえるかどうかだったのである。

というわけで、何か問題が起こったときには、とにかく謝っておいたほうがいいことになる。

謝ると、あとで不利になるのではないか、プライドが許さない、などの理由で、なかなか謝らない人がいるが、現実にはそれは得策ではないのである。まずは非を認め、謝ってしまうことが肝心なのだ。

とりあえず謝っておけば、相手の不満をそらすことができる。そのあと、言い分があれば、「ただ……」と説明すればいいのである。相手も不快感がやわらいでいれば、落ち着いた気持ちで耳を傾けてくれるはずだ。

「生理的欲求」を操作すれば反対派も黙りこむ

赤ん坊が泣くときには、たいてい理由がある。お腹がすいたか、オムツが濡《ぬ》れているか、眠たいかである。だから、ミルクをあげたり、オムツを交換したり、寝かしつけると、赤ん坊は泣きやむ。

いずれも生理的欲求が満足させられて泣きやむのだが、これは大人でも同じようなことがいえる。

生理的欲求が満足されないとき、泣きはしないまでも、人は不快になる。空腹のとき、睡眠不足のとき、イライラして怒りっぽくなるのは、その典型である。

そのあたりの人間心理を、心理学大国のアメリカでは、官僚たちもよく心得ているようだ。アメリカで反戦デモが華やかなりしころ、デモ隊にたいし、政府はこんな対策をとったことがある。

ワシントンのモニュメント広場で、大規模な反戦デモが行なわれる前日、当局は、デモ隊用に広場周辺に簡易トイレや水飲み場、公衆電話などを設置したのである。さらに、テレビやラジオでは、「明日は一〇時から集会なので、今晩は早く眠りましょう。朝起きたら体力をつけるために、十分な食事をとりましょう」というよびかけを行なった。

デモ隊の生理的欲求を満足させることで、すこしでも不満をおさえようという作戦である。

デモに集まる人間は、みな戦争にたいする怒りに燃えている。そんなところに空腹や睡眠不足、あるいはトイレに行きたくても行けないといった状態が重なれば、怒りはさらに大きくなり、暴動にも発展しかねない。そうした事態を避けるために、政府側はトイレや水飲み場などを緊急配備したというわけだ。

この準備が功《こう》を奏《そう》し、翌日のデモは大きな混乱もないまま、無事に終わった。当局の〝作戦勝ち〟といえた。

これを応用すれば、不満をもつ相手と交

渉にあたるときは、少なくとも相手の生理的欲求を満足させることが必要なことがわかる。長丁場《ながちょうば》の交渉で、食事やトイレを我慢していたのでは、おたがいイライラがつのり、まとまる話もまとまらなくなる。相手が椅子《いす》をけって席を立ったのは、じつはトイレに行きたかったからということにもなりかねない。

交渉が長引きそうなときや、相手が空腹そうなときは、いったん交渉を中断して、食事をとるのもいい。空腹が満たされると、相手の怒りがおさまることも考えられるのである。

飲み食いさせて心を開かせ、相手を丸めこめ

他人と親しくなるには、いっしょに食事をしたり、酒を飲むといいといわれる。

実際、食事や酒をともにすることには、心の扉《とびら》を開きやすくする効果がある。食事をしているとき、人は少なからずリラックスした気分になり、他人にたいする警戒心が弱まって、人を受け入れやすくなるのである。

これは、意見にたいしてもそうで、食事中に聞いた意見は、何も食べていないときにくらべ、受け入れられやすいという実験結果がある。

アメリカのジャニスが行なった実験で、被験者に四つのテーマについての論文を読んでもらうものだった。

このとき、被験者は「スナック菓子を食べながら読む」グループと、「何も食べないで読む」グループの二つに分けられた。

論文のテーマは、①ガンの治療は何年後に可能になるか、②アメリカ軍の規模はどの程度が適当か、などである。

それぞれの論文の内容は、被験者がもと抱《いだ》いている意見と対立するものに調整され、彼らが論文を読んだあと、意見をどう変えるかを調べたのだ。

すると、結果は、いずれのテーマについても、スナック菓子を食べながら読んだ人のほうが、意見を変えるケースが多かった。①では、何も食べない人の六二%が意見を変えたのにくらべ、スナック菓子を食べた人は八一%が意見を変えた。②では、何も食べない人の四三%が意見を変え、スナック菓子を食べた人の六七%が意見を変えたのだ。

人は、何かを食べながら説得されると、その意見に同調しやすくなる傾向があるというわけだ。日本人の場合、これに酒が加わると、その効果はさらに高まるといえる

だろう。

アメリカの社会心理学者バーンランドは、つぎのように述べている。

日本人は、ふだんは本音で話したり、他人とコミュニケーションを図るのが苦手な民族である。だが、お酒が入ると、とたんに開放的になり、本音をいうようになる。昼間、他人の体をさわることのない日本人が、酒を飲むと肩を組んだり、体を叩《たた》き合ったり、他人と体を接触する機会が増える――。

むろん、相手とのコミュニケーションが密になるほど、こちらの意見は受け入れられやすくなる。というわけで、食事や酒を飲みながらの説得には、大きな効果が期待できるのだ。

要求をのまない相手は、とにかく食事や酒の場に連れ出すのが説得の近道になる。それだけで、相手を説得できる確率は、格段に高まるのである。

5

次々と女を落とすワル男の知恵――

女を惹きつける「男の武器」はズバリ！この匂い

女性をうっとりさせる絶妙のリップ・サービスとは

相手が詐欺師《さぎし》と知っていても、ダマされつづける女性がいる。しかし、これは、それほど不思議なことではない。

「キミと寝ていると、心のなかまで癒《いや》される」「キミの澄《す》んだ声を聞いているだけで、幸せな気分になる」「キミの優しさは、なんだか、生まれる前の母胎《ぼたい》内のやすらぎを感じさせる」といったバリバリのリップ・サービスは、けっして不実《ふじつ》のなせるものとはかぎらない。

それどころか、サービスの名のとおり、そこには相手をイイ気分にさせようとして努力する〝誠意〟すらある。女性は、その〝誠意〟を評価するのだ。

どのみち、金が目的のプロ詐欺師でなくとも、体が目的ならば詐欺師と変わりはないともいえる。

ならば、言葉の演出という〝誠意〟を見せて、ウソでもいいから、せいぜいシンデレラの気分にさせてちょうだい――女性の心には、そういう期待もあるのだ。

だから、詐欺師にダマされるからといって、無知で世間知らずの女性と考えているようでは、まだまだあなたは甘い。

いっぽう、「口のうまい男」の側にも、それなりの絶妙なテクがある。

前出の三つのセリフを再検討していただきたい。これらのウソだらけのようなセリフには、意外にも、あきらかなウソは、一つもないのだ。

世界一の美人とはいっていないし、美人

女優の誰かに似ているともいっていない。すばらしいスタイルだとも、星のような瞳だともいっていない。

すなわち、「口のうまい男」というのは、太っていることを気にしているような女にスタイルがいいといったり、肌荒れがひどい女に、絹《きぬ》のような肌だといったりする「間違い」は、けっしておかさないのだ。

つまり、できるだけウソから遠ざかるように、アイマイかつ絶大なおせじを並べ立てて、かなりリアルなシンデレラ体験を提供する。

そうした気づかいもまた、女性にとっては〝細やかな誠意のこもったサービス〟となるのである。

人間の世界では、文明が発達するにつれ、男が女性を口説《くど》く武器は、肉体の強さから金、ルックス、社会的名誉《めいよ》へと移り変わっていった。

ゴリラのオスは体の大きさ、チンパンジーのオスは睾丸《こうがん》の大きさでメスをゲットするというが、人間の世界においては、男性市民が総戦士であったスパルタの社会を最後に、ただ男性的な強さだけが口説きの武器となった時代は、永遠に終わりを告げたのである。

いまの世で力士やプロレスラーといったマッチョがモテるのは、原始的な強さのおかげだけではない。女性たちは、あくまでも、金と名誉をモノにする彼らの強さに、男の力を感じているのだ。

　それでは、金も名誉もルックスもまずしい男は、女性にはモテないのか。

　そんなことはない。秘策がある。「口のうまさ」である。

　人間も動物にほかならないから、人間の男にも、なんとしても女性をゲットしようという本能が埋めこまれている。金、名誉、ルックスで負けたからといって、種族保存のレースから降りるわけにはいかないのだ。

　というわけで、モテたいなら、男たるもの、〝誠意のあるリップ・サービス〟テクで女性にトライしていただきたいものである。

女心を揺さぶる男の「カワイさ」演出テク

ある二〇代後半の女性は、「男の人がポケットにジャラジャラと物を入れているのがカワイイ」という。

　また、「四〇代の男が、長ズボンの丈が短くて、靴下がむきだしになっているのがカワイイ」、大の男が、プロレスを見て本気で熱くなっているのが「カワイイ」なんていう声もある。

　ようするに、いかにもスキだらけであったり、感情があらわだったりすれば、大人のオンナには「カワイイ」と思っていただけるようなのだ。

　ここ数年、地井武男さんや江守徹さんの〝無邪気なオヤジ戦略〟が功《こう》を奏《そう》しているように、どんな男のなかにもある少年っぽさをナチュラルに出しておけば、それなりに女の心をゲットできてしまうようだ。

それにしても、なぜ、オトナの女は、「少年の心」をもった男に弱いのだろうか？

じつは、その背景には、生物的な戦略がある。モンゴロイド（黄色人種）の場合は、多くの情報を柔軟《じゅうなん》に吸収できるために脳の成熟《せいじゅく》を遅らせる「ネオテニー（幼児化）」という戦略をとっているといわれる。

脳が幼いということは、大人になっても好奇心や冒険心が保たれ続けるということで、発見や創造のほとんどすべ

ては、「少年の心」が生んだものだともいう。

そのネオテニーの効果は、モンゴロイドの女のDNAにもプログラムされている。だから、日本の女性たちは、DNAの指令によって、無意識のうちに少年っぽい男たちに魅了《みりょう》されてしまうというわけだ。

こういうと、これからはますます少年っぽさで押しきってやろうという男性も多いはずだが、少年路線を走りすぎて、「アホ」とか「バカ」とか思われないようにすることもむろん重要である。

ポケットをジャラつかせ、ひいきの野球

チームが負けたといっては泣き、約束の時間に一〇分遅刻しただけでプリプリ怒るような男は、やはり、ただの未熟者にほかならないのだから。

　大切なのは、〝少年っぽさ〟というのは、「垣間見《かいまみ》える」ものでなければならないということ。つまり、女性にとって〝少年っぽさ〟が新鮮であるためには、日ごろは、かなりマトモな男を演じていなければならないのである。

　その点、くれぐれもお間違いのないようにしていただきたい。

女を惹きつける「男の武器」はズバリ！この匂い

　銀座の某有名クラブのママが、こんなことをいっていた。

「アタシは、石けんのにおいのする男が好きなのよ」

　そうとうな男性通と思われるママのセリフであるだけに、かなり意外な気がした。

　それは、オトナの男のにおいに飽《あ》きちゃったってことなの？　と聞き返すと、あでやかな笑みを浮かべて、

「そうじゃない。もともと、無臭《むしゅう》の男が好きなのよ」

　ますます、意外だった。四〇がらみのしっとりとした熟女は、てっきり、アブラの乗った、むっとするような濃いにおいがお好みだと想像していたからだ。

　しかし、それは大まちがい。じつは、このママのひと言には、さすがは男通と思わせるだけの、女にモテる「男のニオイ」へのたしかな洞察《どうさつ》が秘められていたのだ。

アメリカのソーンヒルという研究者が、女性を惹《ひ》きつける男のにおいについてのユニークな実験を行なっている。

さまざまな男の腋《わき》から汗《あせ》を採取し、そのにおいを一〇人ばかりの女子学生にかがせ、どのにおいの男がいちばん好みかを判断させた。

においの主は、顔も姿も隠《かく》されているので、女子学生たちは、においだけで好き嫌いを決めなければならない。結果、一〇人中八人が「これが好み」と答えたのは、もっともにおいの薄《うす》い汗だった。

バカバカしい実験のようだが、ここには深い意味がある。男は年をとるにつれて、若いころにはなかった、さまざまなにおいを身にまとっていく。俗にいう、加齢臭である。三五を超えて、やけに足の裏がクサくなりはじめたという覚えは、中年男ならば、誰でもおもちのはずだ。チーズが好きな方には申し訳ないのだが、あれは、まさにチーズを思わせる、もんわりとしたにおいである。

あのにおいは、肌に増殖する菌の力をおさえる免疫力《めんえきりょく》が低下していくことが原因となっている。もっとも細菌をはぐくみやすい足の裏に、その免疫力低下の影響がはっきりあらわれる。つまり、あれは、健康減退のにおいなのだ。

また、六〇、七〇を超えた老年男性が、軟膏《なんこう》のようなにおいを発散させていることがあるが、あれも、湿布薬のにおいがしみついたのではなく、やはり、免疫力の低下がもたらした、健康減退のにおいにほかならない。

といっても、免疫力の強弱は、年齢だけが関係しているわけではない。免疫力には、そもそも個人差がある。

花粉症やアトピーに悩む人のいっぽうに、そういうアレルギーといっさい無縁の人がいる。それは、免疫力の強さがもたらしたものだ。それと同時に、肌に増殖する菌をおさえる免疫力に特別にめぐまれた人もいるのだ。

つまり、被験者となった女子学生たちが好んだにおいは、強い免疫力イコール強い遺伝子をもつ男のにおいということになる。くだんのクラブのママは、豊富な男性経験で培《つちか》われた鋭《するど》いカンによって、「強い遺伝子をもって生まれてきた男」のにおいを、かぎ分けていたのである。

さて、免疫力の強弱は、生まれつきの体質にかかわっている。よって、自分のにおいを操作することは不可能だ。

しかし、クラブのママの言葉が、ちょっとしたヒントになる。「石けんのにおい」は、健康的な無臭を象徴する言葉だ。そこで、コロンやらローションなどはやめてしまって、ひたすらシャンプーと石けんのにおいをただよわせてみてはいかがだろうか？

ひょっとしたら、相手の女性は、たんに清潔なにおいと思うだけでなく、本能的に

「強い男のにおい」と感じてくれるかもしれない。

実際、女性と会う前には、かならず入念に体中を洗っていく男がいる。そう、彼の行動は、とても理にかなっているといえる。なかなかの恋のツワモノといえそうである。

口説きのテクニシャンが11月に攻勢をかける理由

口説きの季節といえば、夏とクリスマスを思い浮かべる人が多いはずである。

夏はアバンチュールの季節。石原慎太郎氏の芥川賞受賞作『太陽の季節』に描かれたように、その場合の相手は、いっしょにいて楽しい軽めの男のほうがいい。

女性にとって、それはひと夏の体験だから、むしろ、夏が終わったあとに人生の本線にくっついてこない男ほどベターということになる。

よって、クルマ、ヨットなどのツールとノリのよささえあれば、夏に女性を口説くのはたやすい、はずである。

ところが、女性を口説く大チャンスであるはずのクリスマスになると、二の足を踏む男は多い。女性がクリスマスに求める男は本命に違いないという気の重さ、クリスマス直前はレストランやホテルも予約できるはずはないとの計算もあいまって、女性へのアプローチを自粛《じしゅく》してしまうのだ。

その想像は、間違ってはいない。ただし、間違っているのは、スタートの時期なのである。それは、女性にとって、クリスマスがいかに重要なイベントであるかを考えてみれば、よ〜くおわかりのはずである。

〝クリスマス・プレッシャー〟といわれるように、多くの女性は、クリスマスに一人ぼっちでいてはならないという強迫観念を抱《いだ》いている。クリスマスは、女性にとっては人生の本線にかかわる恋のイベントであり、新しい年をむかえようとする時期でもある。年の終わりと年のはじまりは、ますます女性に人生を考えさせる。

よって、タイトル・マッチをひかえたボクサーや入試をひかえた受験生のように、クリスマスにかける女性のコンセントレーション（精神の集中）は、その一か月前からはじまっている。

つまり、カレシのいない女性は、一一月の声を聞いたとたん、大きな不安が頭をもたげてくるのである。

そこにこそ、駆け引きに勝つポイントがあるのだと思ってほしい。

たとえバリ島や湘南《しょうなん》でしか本領を発揮できない夏男でも、クリスマスを一か月後にひかえた女性（もちろん、本命のカレシがいない女性がベスト）のアセリにつけこむスキは十分にある。

女性のほうも、大事なクリスマスをともに過ごす相手を、三日前につくるわけにはいかないと思っている。だから、一か月の交際期間は、女性が、自分自身を納得させるためにも、ぜひとも必要なのである。

それが、「女性を口説くのは一一月がベスト」という根拠になるわけだが、その一か月の交際期間においては、ぜったいにボロを出してはならない。

この期間は、強い印象を与えようとして奇抜《きばつ》な言動をしてみたり、かわった趣味を披露《ひろう》して、本当の自分をわかってもらおうなどと、ゆめゆめ考えないことだ。

とにかく、ふつうのいい人、優しい人を演じ続け、静かに一か月後のベッド・インを待つ。

この時期の女性の心理は、手がたくクリスマスを過ごす相手を確保することに向かっているので、極端にいえば、ただ優しくしてくれるだけの可もなく不可もない男で十分なのである。

こういうと、「クリスマスは、人生の本線にかかわるイベント」という説明と矛盾《むじゅん》しているように聞こえるかもしれない。

が、そもそも、女性とは矛盾のかたまりである。というわけで、クリスマス前にはラブラブだったとしても、クリスマス後にいきなりポイと捨てられることも覚悟しておくことだ。

女性を確実にホテルに誘いこむ極意

あなたは「今日こそ彼女とラブホテルへ！」と決心して、彼女を食事に誘ったとする。では、どうすればそのレストランからスムーズにラブホテルへと移動できるのか？　ここではそのノウハウについて考えてみたい。

まずは、食事の場所だが、話をわかりやすくするために、東京を例にとってみよう。あなたが〝いいトシをした大人〟で、目的のラブホテルを渋谷の円山町《まるやまちょう》に設定した場合、レストランはタクシーで一〇分程度の距離にあるところ（たとえば青山周辺）がベストだ。

　これが学生なら、新宿駅近くで飲んで歌《か》舞《ぶ》伎町《きちょう》のラブホテルへ、でもいいのだが、いいトシをした大人の場合、渋谷で食事をして、渋谷のラブホテルへ、ではちょっと露骨《ろこつ》すぎる。といって、銀座で食事をして、渋谷のホテルへ、では時間がかかりすぎて、タクシーでの移動中に、女性の気が変わる可能性もないとはいえない。

　つぎは、レストランとホテルのあいだにはさむバーについて。

　女性を口説き落とすためには、プロ野球と同じように、セットアッパー（中継ぎ）が必要になる。

　レストランが先発投手なら、セットアッパーの役目を果たすのは「ムードのあるバー」、もちろんクローザー（抑え）は、感じのいいラブホテルである。

　さて、そのバーだが、ラブホテルから歩いて五分程度の距離にある店が理想だ。食事がすんだら、「ちょっと感じのいいバーがあるから、寄っていこうか」と誘ってみる。ここで「ノー」といわれたら、完全に脈なし。あきらめて、一人ヤケ酒でも飲むしかない。

　イエスの返事が返ってきて、目的のバーまでタクシーで移動したら、いよいよ口説きである。

　まずバーでの位置関係だが、やはりカウンター席がベストだろう。口説き方については、それだけで一冊の本が書けるくらいのノウハウがあるから、そのへんは中略して結論だけをいうと、「ちょっと休んでいこうか」あたりがベストか（あなたが〝いい男〟なら「寝ようか」でもかまわない）。

前にも「ちょっと感じのいいバーがあるから……」というセリフを紹介したように、この一連の〝ちょっと〟には、「君と〝ちょっと〟でいいからセックスしたい」というニュアンスがこめられているワケで、そのことは彼女のほうにも伝わっているはずなのだ（と信じたい）。

ここで、「うん」でも、「ハイ」でも、ただ首をコクンとするのでも、ニヤッと笑うのでも、なんでもいいから〝肯定の意思表示〟が返ってきたら、長居は無用。領収書など書いてもらわないで、さっさとバーを出て、ホテルに向かおう。

イエスの返事をもらった以上、彼女の手を握るのもいいし、肩を抱くのもいい。

そしてめざすホテルが近づいてきたら、さりげなく彼女にホテル側を歩かせる。これは、ギリギリになって彼女が逃げださないための〝配慮〟である。

こうして無事、ラブホテルにたどり着けば、目的達成！　とはならない。週末の午後一〇時ともなると、ラブホテルは満室ということもザラだ。

ここで「どうしようか？」などと彼女に相談しては、彼女の「その気」が冷めてしまうだけでなく「なんて決断力のない男」とバカにされかねない。

では、どうするか？　目敏《めざと》いタイプなら、目的のホテルに向かう途中、「空室」のランプが灯っていた別のホテルをチェックしておき、ただちにそのホテルへと移動するという人もいるが、フロントに「あと何分くらいで空きますか？」とたずねるのも手だ。

一五分以内なら、ホテルのウエイティングボックスで待つ。三〇分以上待たなければならないようなら、いっそのこと〝スタンプ・ラリー〟でもするような気分で、ラブホテル街をめぐるのもおもしろい。

ナンパをあっさり成功させる方法とは

女性は、誘われたいという気持ちが心の奥底で渦巻《うずま》いているにもかかわらず、意識上では、その気持ちを消去しているものである。

こういう強いガードがあるゆえに、ナンパというものは、なかなか成功しない。ストレートに性的欲求をむきだして口説くのは、おろかとしかいいようがない。

だが、ナンパにも有効な手段がある。女性は、つねに性行動にたいする自分自身への言い訳を求めているといわれる。ようは、そこを突くことだ。

たとえば、六本木にある、ホテルのスイート・ルームを思わせるカラオケ・ボックスなどは、女性に「自分自身への言い訳」を提供するには、絶好のシチュエーションとなっている。男としては、このカラオケ・ボックスの一室に女性を誘いこむことができさえすれば、最低でもBまでのコースを約束されたことになる。

つまり、このシチュエーションは、「私は、男を欲しがっているわけじゃない、私は、そのヘンの男にナンパされてホテルに行くような女じゃない」という「自分自身への言い訳」が十分に満たされるわけだ。

また、女性は、よく「酔った勢いでHしちゃった」とのセリフを口にする。男の感覚からすれば、自分のだらしなさをさらけだしているように聞こえるかもしれない。

が、女性としては、性衝動《せいしょうどう》に駆《か》られたと思うよりも、酔った勢いで、行きずりのセックスに走ったとするほうが、よほど自分自身のプライドが守られるのだ。

じつは、ここで紹介する「ナンパの第一声は〝笑い〟でつかむ」という心得も、「自分自身への言い訳」を女性に提供するというピン・ポイント作戦を応用したものにほかならない。

高校生や大学生は、チェーンの居酒屋でギャーギャー騒ぎながら、瞬間芸やモノマネでドサクサまぎれにナンパする。

だが、いっぱしのオトナとなると、そうはいかない。静かなカウンター・バーで、一人で文庫本を読んでいる知的な美女などをゲットしてこそ、オトナの技というものだ。

さて、静かなバーで〝笑い〟をとるには、当然のことながら、その方向性に気を配らなくてはならない。

爆裂ギャグで大爆笑を狙ったりすれば、カウンター内のマスターからも白い目で見られて、かえって救いがたい重苦しい空気を生むことになる。そこで狙うべきは、「ウフッ」「クスッ」という笑いを誘う、上品なギャグである。

先日、銀座の文壇《ぶんだん》バーで、深夜の二時ごろに、フラリと入店してきた中年の編集者が、開口一番、「いやあ、外は、すごい月だ。まるで、月になぐられた気分だ」という一声をあげた。妙にとぼけた口調のせいもあって、これが、カウンターのすみで飲んでいた三〇歳前後の美人に、やたらにウケた。

その美人が、クスクス笑いながら、「その月、私も見てこよう」と腰をあげるや、中年編集者は、すかさず「それでは、ボクがご案内しましょう」などといって、なんなく数分間の月見デートを成しとげてしまった。

そのみごとな月を見ながら、二人が何を話したのかはわからないし、その後、二人がどうなったのかもわからない。なんにせよ、中年編集者が、その美人の心を揺さぶる粉をふったことだけは、間違いないだろう。

百戦錬磨の女性を口説き落とす法

現代において、男が「ワルの恋愛学」を実践するのに、キャバクラほどふさわしい場所はない。キャバクラ嬢を口説くのは、そのへんを歩いているギャルをストリート・ナンパするよりも、三倍ほどむずかしい。

理由はいたって単純で、キャバクラ嬢たちはきわめて多忙だからだ。

ほとんどのキャバクラは、深夜三時～四時までの営業時間になっているので、実際は、アフターもへったくれもないことになる。

キャバクラ嬢のほうは、昼すぎまで寝ていられるとしても、翌朝に出勤をひかえたサラリーマンには、深夜の四時以降のデートなどは、とうていつきあえるものではない。かといって、寿司だの高級焼肉だのを食べさせる同伴出勤なんぞは、口説き戦線から引退したオヤジのすることだ。

では、お店の休日を狙ってデートに誘うのはどうか？　それこそムリ中のムリというもので、一〇回以上の指名をしているならばまだしも、初回で週一の休日をボクのためにくださいなんていうのは、道ですれちがった人に、一万円を借りようとするぐらい困難なことだ。

とはいえ、抜け目なく駆け引きをする根性があるならば、キャバクラ嬢相手でも道が開けないこともない。

じつは、初回でキャバクラ嬢を自分の彼女にしてしまう、とっておきの戦術がある。その戦術の基本は、「たったの一日で、キミだけに、ぞっこんになってしまった」というメッセージを、相手に本気で信じさせることだ。

彼女たちは、そういうたぐいのことをいわれ飽きているので、キャバクラ嬢ほど、それを信じさせるのがむずかしい相手はいない。では、その方法とは？

店内で気に入ったコを指名し、二時間のワンクール（六本木ならば平均で一万五〇〇〇円、中野ならば八〇〇〇円）がすぎたら、連れとともに、素直に店を出る。その前に、「キミが、いままでに会ったなかでいちばんタイプだ」などと、それなりに口説いておくことを忘れないように。

そして、そ知らぬ顔で友人と別れ、アクセサリーなどのプレゼントを買い、一時間後に店にもどる。

もちろん、指名するのは、さっきの彼女でなくてはならない。きっと、彼女は、目をまるくして「ウッソォー」とひっくり返った声をあげる。その驚きの声には、喜びの響《ひび》きもこもっているはずだ。

そこで、ダメ押しにプレゼントを差しだす。あまり言葉は、いらない。「どうしても今日、もう一度、会いたくなっちゃって」と、照れくさそうにいうだけでいい。

女性は、愛されてナンボだという。たとえ、こちらが理想のタイプでなくとも、愛されて幸せを感じない女性などは、地球上に一人もいない（はずである）。おそらく、彼女は、感激のあまり言葉少なになるだろう。

そこが狙い目だ。つまり、その非キャバクラ的な空気がすべりこんだ瞬間に、休日デートを申し込むのである。

ただし、このさい、Hしたいのは今日などとは思わないように。どこのどんなキャバクラ嬢に聞いても、初回の客とホテルに直行したという話はまず出てこない。相手に時間を与えるのも駆け引きの重要なツボなのだから、性急さは禁物である。

ためしに、永井荷風《ながいかふう》の小説でも読んで、明治の通人《つうじん》たちが、芸者一人を口説くのにどれだけ鷹揚《おうよう》にかまえていたかを勉強してみるといい。男が女性に誠意を見せるには、「性急でない」ムードをかもしだすことにかかっている。

女性とは不思議なもので、Hしたいだけの男でないことがわかったとたん、この人とHしてもいいかしらと思うものなのだから。

旅先でのアバンチュールを楽しむための絶対のコツ

広告代理店のエージェントで、毎夏、バリ島にいっては日本人女性にモテモテの独身男がいる。彼は、まず一週間かけてみっちりと日焼けし、〝現地化〟してから女性の到着を待つ。

そんな彼が、いかにも現地にとけこんだ雰囲気《ふんいき》を発散させながらホテルのプール・サイドで現地の新聞を読んでいたりすると、バリ島初体験の日本人女性には、やたらに頼もしく映るらしい。それが、彼の手《て》練手管《れんてくだ》だ。

あるときなどは、三人連れでやってきた日本人OLが、ひと晩おきに彼の部屋を訪れたなんてこともあったという。

だが、彼は、彼女たちと日本で再会するという間違いはおかさない。真夏の夢は、夏が終わるとともに醒《さ》めてしまうことを、十分に承知しているからだ。

心理学によれば、この現象は、不安によるドキドキ感と恋のトキメキ感を混同することからきている。

たとえば、ひと昔前にブームとなった一連の航空パニック映画では、絶体絶命の危機に陥《おちい》った機内で、冷えていた恋人同士が恋を再燃させたり、見知らぬ男女が、たちまちのうちに恋に落ちたりするエピソードが描かれていた。

また、前にも述べたが、心理学実験でも、山奥の深い谷にかかる吊り橋で出会った男女は、安全な平地で出会った男女よりも、圧倒的に恋愛モードになるケースが多いとの報告がなされている。

つまり、はじめてバリ島を訪れるOLたちは、不安でドキドキしているとき、現地化した独身男を見て、それを恋

のトキメキと錯覚するわけである。

この場合は、知らない同士がベッド・インにいたるまでの「知りあう」「わかりあう」「たしかめあう」というプロセスが、すっぽりと抜け落ちてしまうことになる。

ところが、電子レンジで温めた肉マンが、蒸し器で温めた肉マンよりもはるかに冷めやすいように、すぐに熱した恋はすぐに冷める。

それは、トロンプ・ルイユ(目の前に実在するかのように見えるだまし絵)から醒める状態にも似ていて、バリ島から帰国したOLたちは、心の不安が消えたことによって、自分たちが恋の錯覚に陥っていた

ことに気づくというわけだ。

だから、夏には両手にあまるほど女性と仲良くなるバリのナンパ師も、ステディとよべる女性は一人もいない。

じつは彼には、たった一度だけ、バリ島でゲットした女性に恋をしてしまったことがあった。帰国後、現地で聞かされた番号を電話して再会したのだが、これが、ぞっとするほどシラけるデートになった。驚くほど会話がはずまず、おたがいになんのトキメキを感じることもできず、おかげで、ディナーにさえ届かずに喫茶店で別れたという。

そんなことがあったために、彼は、バリの恋を日本にもちこまないことを鉄則にしているのだ。

手練手管を駆使してワルの道を突き進むには、それなりの犠牲を覚悟しなければならない。

彼が、いまだにリゾラバ戦略をつらぬいているのは、快感と犠牲を秤《はかり》にかけたら、快感のほうが、ずっと重かったからだ。

つまり、彼は、自分の人格の種類と方向を十分に見極めたうえで、自分の行動を選択していることになる。それも、恋をおおいに楽しむための一つの知恵である。

女性の「その気」を見逃さない〝眼力〟を手に入れよ

たとえばサルであれば、「その気かどうか」は簡単にわかる。サルのメスは「その気」になる、つまり発情期になると、お尻が赤くなる。サルのオスは、その〝赤いお尻〟を目印にして言い寄る。それだけの話である。

しかし、年中、発情できる人間の場合、話はそれほど単純ではない。「その気のない」女性を「その気がある」と誤解して言い寄っても、口説き落とせる確率はひじょうに低いし、場合によっては痴漢に間違われたり、変人扱いされてしまう。

反対に、たまたまその女性が「したい」という欲望を強く抱いていれば、ふつうならまずはありつけない、いい思いをさせていただくこともある。

そう考えてくると、とりあえずひと晩だけでも女性とベッド・インしたいと思っている男は、女性を口説き落とすテクニックを磨くことより、「その気のあるオンナ」をいち早く見つける眼力を養ったほうが、はるかに賢明だということがおわかりのはずである。

では、どうすればその眼力は養えるのか？

アメリカのシングルズ・バー（独身の男女が集まるバー）に通う男たちを対象に、「女性のどんな誘惑術が効果があるか？」とたずねたところ、上位をしめたのはつぎのようなものだった（『女と男のだましあい』デヴィッド・M・パス著・草思社刊より）。
●腰や下半身を男の体にこすりつける。
●もの欲しげに男を見つめる。
●男の首に腕をまわす。
●男の髪をなでる。
●唇《くちびる》をすぼめて投げキスをする。
●ストローや指を吸うそぶりをする。
●前かがみになって胸の谷間をのぞかせる。

●体をのけぞらせてボディラインを強調する。

なんだか、眼力など養うまでもなく、こんな女性がいれば、どんな鈍感な男でも「その気」があるとわかってしまいそうではあるが、ただし、注意しなければならないのは、女性のこうしたしぐさは、いずれも彼女たちが「短期の性関係」、極端にいえば「一夜限りのセックスフレンド」を求めている場合に多く見られるということだろう。

エリザベス・キャシュダンという人類学者の研究でも、そういう女性は、マジメに結婚相手を探している女性より、露出度の高い服を着る傾向が

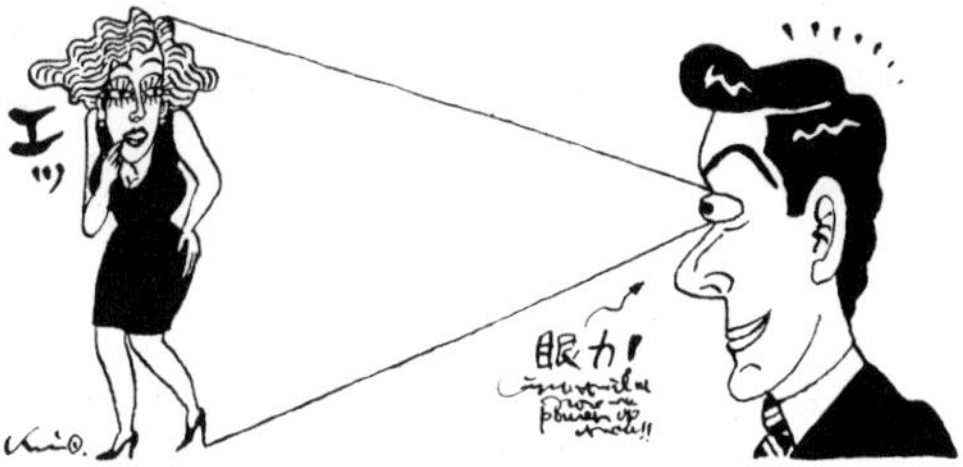

強いことがわかっている。

さらに、先ほどのシングルズ・バーでの調査では、セックスフレンドを求める女性にとっては〝視線によるアプローチ〟も有効だという。

たとえば、男の目をじっと見つめて、相手の男が見返しても視線をそらさない——これは、多くの場合、女の「してもいいサイン」だという。

ただ、現実には、女がこちらをジッと見るのは、ただの近眼のせいだったり、ただ酔っぱらっているだけ、なんてことも多々ある。男が眼力を磨くのは、なかなか大変なのである。

ル

女の泣きどころを突くデタラメ男の心理術

こんな悩みを抱《かか》えるキャバクラ嬢がいた。彼女の同棲《どうせい》相手は、大酒飲みで泣き虫でおこりんぼうときている。飲み屋の勘《かん》定《じょう》が高すぎるといっては大ゲンカをはじめ、それをたしなめれば彼女のクルマのフロント・ガラスを蹴《け》り壊《こわ》す。いいかげん、ガマンができなくなって別れを告げると、今度は「それは、あんまりだ」とシクシク、メソメソ泣きだしてしまう。

こうなると、なぜ、そんな男と別れないのか不思議だが、このキャバクラ嬢にとっても、「なぜ、別れられないのか、自分でもわからない」というのだ。

このみょうちきりんな関係については、「心理的恐喝《きょうかつ》」(Emotional Blackmail)とよばれる心理現象によって説明がつく。アメリカの心理学者・スーザン・フォワードが提唱した学説で、この心理的手段を有効に用いれば、ある種の性格をもったパートナーを意のままに操《あやつ》ることができるのだ。

フォワード女史によれば、「心理的恐喝」には、「F」「O」「G」の三パターンの攻撃法がある。

「Fear」(恐怖)——相手が思いどおりにならないとき、別れや暴力をほのめかして恐怖感を刺激する。

「Obligation」(義務)——パートナーとしてあるべき姿を示し、それにそえるように義務感を刺激する。

「Guilt」(罪悪)——別れをもちかけるパートナーにたいし、傷ついてふさぎこんだり泣いたりするパフォーマンスを見せて、罪悪感を刺激する。

キャバクラ嬢のしょうもない彼氏の場合、明らかに「F」と「G」の心理的攻撃法を見せている。

それでは、なぜ、キャバクラ嬢は、おめおめとその術中《じゅっちゅう》にはまってしまうのか？

第一の理由は、「心理的恫喝」が、彼女にストレートに向けられる暴力のカタチをとっていないことにある。この彼氏は、飲み屋のオヤジやクルマのフロント・ガラスに当たり散らすものの、けっしてキャバクラ嬢の体を傷つけてはいない。だから、キャバクラ嬢は、自分

が攻撃されたことをはっきりと意識できないわけだ。

フォワード女史は、この効果を「FOG」（霧《きり》）と命名している。その攻撃性が、霧につつまれたようにぼんやりと隠れてしまっているという意味だ。

第二の理由は、女性の側にある。こんなにしょうもない男ならば、一も二もなく、とっとと別れてしまえばいい。結婚したわけではないのだから、相手が出ていかないのならば、自分が出ていけば、それでいいはずだ。

ところが、別れない。なぜなのか？

ポイントは、女の「プライド」にある。

男の意のままに操られるプライドの低さではなく、自分にはダメ男をバックアップする器量がある、自分にはダメ男をはぐくむ人間味があるというプライドの高さが、男と離れられなくしているのだ。

　この手のタイプは、大阪の女性に多いといわれている。織田作之助《おださくのすけ》の傑作《けっさく》大衆小説『夫婦善哉《めおとぜんざい》』も、〝ドあほう春団治〟の異名で知られる上方《かみがた》落語の大真打《しんうち》・桂春団治の出世秘話も、デキた女房がダメ男を際限なく許すお話である。中村玉緒さんと勝新太郎氏の関係も、そのようなものであったと伝えられている。

　それらの〝見上げた女房〟たちは、明らかに、男のわがままを許してやらねばならないという、強い「Obligation」に支えられている。

　つまり、強いプライドに支えられての忍耐なのだ。

　さて、あなたは恋人にこのように知らず知らずのうちに操られてはいないだろうか。もう一度、チェックしてみる必要があるかもしれない。

アメとムチで女を言いなりにする法

　暴力は、断じてやってはいけないことだが、あるヤクザ氏が、こんなことをいっていた。

「私はね、女房を、殴《なぐ》りますよ。それで通じなきゃ、腹も蹴ります。女はね、甘やかしたら、ダメですよ。でもね、ときには、バラの花を一輪、贈ってやるんです。そうするとね、女房のやつ、涙流して喜ぶんです。たったの、バラ一輪ですよ。日ごろ悪い亭主でいるから、それが効くんですがね」

歌の題名ではないが、もし、〝一〇〇万本のバラ〟を贈るのがふつうになっていたら、とくに喜ばそうと思うときは、一〇〇〇万本のバラを贈らなければならないことになる。ところが、日ごろ殴る蹴るでなにもやらない男は、たった一輪のバラを贈るだけで、女性を狂喜させることができるから不思議だ。

この〝バラ一輪方式〟は、心理学でいうところの「間欠強化」という心理メカニズムにのっとった作戦といえる。ボタンを押すと、バナナが出

てくる装置の前にサルを置くと、サルは、やがて、その装置の使い方を学習する。バナナが欲しくなるたびに、装置のボタンを押すようになるのだ。

そのように、ある一定の行動にたいして、毎回報酬《ほうしゅう》を与えることによって、その行動をくり返させることを「連続強化」とよぶ。

そこで今度は、装置を、ボタンを押しても、たまにしかバナナが出てこないようにセットし直す。そうすると、それまでチョイチョイとボタンを押していたサルは、懸命にボタンを押し続けるようになる。

その段階で、サルは、バナナ一本への危機感を覚えはじめるのだ。それは、バナナ一本のありがたみを再認識したことを意味する。それが、「間欠強化」が与える効果である。

一九世紀ドイツの宰相《さいしょう》ビスマルクは、「アメとムチ」の政策によって、社会主義者をたくみに操ったが、それも、「間欠強化」の心理メカニズムを応用した策にほかならない。

といっても、世にある「ダメ男」の大半は、もちろん、この心理メカニズムを意図的に応用しているわけではないだろう。どちらかというと、女性のほうから、勝手に「間欠強化」にはまっているのだ。

たとえば、「彼って、とても優しくて。たまに、お料理を作ってくれるんです。野菜炒めが最高なんですよ」などと話す女性がいる。

この話を聞かされた人は、手作りギョーザというならわかるけど、フライパンでチャチャッとできてしまう野菜炒めのどこが、そんなにうれしいんだろうと思う。

ところが、さらに彼女の話を聞いてみると、「同棲相手の彼」が、まったくなにもしない男だということが、わかってくる。

自分の脱いだ服は片づけない、ホワイト・デーには一〇〇円のアラレすらも贈ってくれない。それどころか、夜中に酔っぱらって帰ってきては、彼女が寝ているフトンの上にフライング・ボディ・プレスを浴びせかける。それで、彼女が、野菜炒めに感激する謎が解けるわけだ。

日本の刑事ドラマで、仕事一徹《いってつ》で家庭を

かえりみない鬼刑事が、病気で倒れ入院した妻のために、お見舞いのリンゴをむいてやるシーンがあった。

そこで、妻は、病院のベッドから身を起こして、コホッコホッとせきこみながら、「あなた、手を切りますよ」といって涙ぐむのだ。この定番シーンでは、リンゴの皮むきは、結婚以来、夫がはじめて見せた優しさという設定になっている。

野菜炒め、リンゴの皮むきの喜びは、どちらも「間欠強化」の理論で説明がつくが、それですべての謎が解けるわけではない。

サルは、ボタンを押せばバナナが出たという経験がインプットされているからこそ、「間欠強化」にはまった。とすると、「はじめにダメありき」の男を、女性が好きになる理由がわからなくなるのだ。

これはもう「男と女の不思議」というしかない。女性のみなさん、野菜炒めやリンゴの皮むきくらいで喜ぶのはやめましょう、と警告するくらいしか私たちにできることはないのである。

風俗嬢をメロメロにする ヒモ男の「才能」とは

この世には、さまざまな〝いいご身分〟の職業がある。それらは、いずれも簡単なことでは就《つ》けないわけだが、なかでも、男があこがれるのが「ヒモ」だろう。

労働らしきものはいっさいせず、女性が体を張って稼いだ金でギャンブルにふけり、ふつうならば苦労してさせてもらうはずのセックスも、目くばせひとつでしたいほうだい。

女性にとって、ソンばかりでトクはなにもないと思われるからこそ、ますます不思議に思えてくる。

はたして、男は、どうすればヒモになれるのだろうか？　というよりも、そもそもの話、女性は、なぜ、そんな男と暮らすのだろうか？

あるトップ・クラスのソープ嬢は、月に二〇〇万円は稼ぐという。一回だいたい三万円として、半分は店の取り分となる。そうすると、月に一三三人、一日に四・四人の客を接客している計算になる。一日の労働時間（まったくの肉体労働）が七時間あまり。

これは、男でも音《ね》を上げる過酷《かこく》さである。身も心もバサバサに疲れはてた一人の女性ができあがるのが、よくわかる。

あるヒモもちのソープ嬢は、

「体よりも、心のほうがすり切れちゃう。だから、家にだれかいて、ウソの愛でもいいから、それをくれる人がいないと、自分を支えるものがなにもなくなっちゃうのよね。もう、自分で自分を支える力がないから」

という。そこで、ヒモの役割が出てくるわけだ。おそらく、ヒモになれる男は、心の中身はともかくとして、疲れた女性を癒すテクニックをもっているのだろう。

が、しかし、いっさい金を稼がないばかりか、自分の稼いだ金をギャンブルで浪費するような男を、どうしてメーワクだと思わないのだろうか。

「そりゃ、メーワクよ。でも、彼が働きは

じめたら、あたしは、働く気がなくなっちゃうよね。そうしたら、けっきょく、食べていけなくなるのよ。だって、彼の仕事が長続きするわけないもん。

それとは反対に、もし、彼がマジメに働いて、お金をたくさん稼げるようになったら、あたしは、捨てられるかもしれないじゃない。だから、あたしには、メーワクな男じゃないと困るのよ」

ヒモが、彼女が体を張って稼いだ金を浪費するからこそ、彼女は、働く気が起こる。そして、彼がメーワクな男だからこそ、彼女は安心していられる——ネジれてはいるが、それなりにヒモは大切な役割を果たしているのだ。

ちなみに、生理学や心理学によれば、人間には労働への欲望というものが、もともとそなわっていて、いかなるナマケ者も、完全に仕事を取り上げられると、頭をかきむしりたくなるほどのストレスにみまわれるという。

ということは、なんの労働もせずにゴロゴロしていることができるのは、やはり、特別な才能なのかもしれない。

浮気がバレたときの言いくるめ術

浮気がバレたときの対処法について、考えてみたことは、おありだろうか。

ただ、その前に確認しておきたいのは、「浮気がバレる」とは、どういう状況を指すのか、ということである。

世の中には、シャツに口紅がついていたとか、石けんのにおいがする、パンツが裏表だったなど、妻に浮気の〝証拠〟をつきつけられた時点で、あっさり浮気を白状してしまう夫が少なくない。

しかし、これはあまりにも早計《そうけい》というものだろう。

これらは、あくまで〝情況証拠〟にしかすぎず、決定的な物的証拠にはならないのだ。

「浮気がバレる」とは、セックスしているまさにその現場を押さえられた場合と、浮気相手があなたとの関係をバラしてしまった場合についてのみいえることなのである。

仮に、あなたが愛人の部屋にいるところを奥さんや私立探偵《たんてい》に見られたとしても、ちゃんと服さえ着ていれば、「仕事の打ち合わせをしていた」など、いくらでも〝言い逃《のが》れ〟ができるのである。

もちろん、状況からすれば、あなたは、かぎりなくクロだろう。

だが、決定的な証拠がないかぎり、そしてあなたが家庭を破壊する気がないかぎり、絶対に浮気を認めてはならない。

これは浮気の鉄則であり、当の妻だって、心のどこかで、あなたが知らばっくれることを願っているはずなのだ。

それでも、不幸にも浮気がバレてしまったらどうするか？

もっともやってはいけないのは、「言い訳」である。

たとえば、この本で紹介しているような「男は遺伝子をバラまきたがっている動物なんだよ」とか、「男の本能的な探索欲求のせいなんだよ」などの理屈をこねるのは最悪である。

なぜなら、女性は感情的な生き物だからだ。

男は、窮地《きゅうち》に立たされるほど、論理で逃げようとする傾向が強いが、ただですら感情的になっている女性に、理屈を並べ立てるのは、火に油を注ぐようなものだ。

とにかく、あなたが元の鞘《さや》におさまりたいと心底思うのなら、やるべきことは、たった一つ。それは心からの謝罪である。

土下座《どげざ》して、平身低頭《へいしんていとう》、「すまなかった」と謝る。それでも許してくれそうもなかったら、泣く、自殺をほのめかして家を出る、くらいのことはやってもいいだろう。

感情の動物たる女性には、彼女たちの感情に訴えかけるのが、もっとも賢明な対処法なのである。

こうして、あらゆるプライドをかなぐり捨てて、男が心底、許しを乞えば、たいていの女性は折れる。

折れるどころか、なかには、そこまで夫を追い込んでしまった自分のいたらなさを責め、夫に同情してしまう奥さんもいるほどである。

ただし、あなたの奥さんが、たとえば『盲導犬クイールの一生』を見ても涙ひとつみせないような女性の場合は、保証のかぎりではないことを、つけ加えておく。

こうした女性は、女性特有の「共感力」に流されることなくクールな対処をするため、裁判に訴えられて、骨のズイまでむしられる可能性が高い。

6

「屈辱感」を与えるだけで男の恋情は燃えあがる

―男を軽く手玉にとる悪女の知恵―

「意外性」のアピールが男のハートを刺激する

恋の手練手管《てれんてくだ》に長《た》けた女は、しばしば「フェロモン系」などといわれることがある。

「フェロモン」とは、もともとはミツバチを含めたある種の昆虫《こんちゅう》が体内から分泌《ぶんぴつ》・放出する性物質のことで、実際には、人間の女がこれを放出していることは証明されていない。哺乳類《ほにゅうるい》では、シカが出しているとされるのみだ。

ようするに、「あの女はフェロモンを放出している」といっても、あくまでもフンイキの問題であって、人間の男が、目に見えない性物質によって、虜《とりこ》にされるわけではない。

しかし、女性のなかには、その性物質の存在を本気で信じている人がけっこういて、「アタシには、フェロモンがないから」などと悩んでいたりもある。

しかし、魅力というのは、努力と工夫によってこしらえるものだ。といっても、一時期、流行した某テレビ番組のごとき肉体大改造をすすめるのではない。ここでいう努力・工夫とは、あくまでもキャラクターの改造のコトである。

「男って、けっきょくは美人が好きなんでしょ」、そんなセリフを口にする女性がいるが、それは認識が甘すぎる。

NHKのBS系女子アナには、民放系よりも正統的な美女がズラリと並んでいるが、そのなかには男の心を惹《ひ》きつけるタイプは意外に少ない。BS系の正統派美人よりは、男は、けっして美女とはいえなくても、独特の色気をもっている女性に、性的誘惑を覚えるものだ。

また、タレントでいうと、アデランスのCMでは気のいい素《そ》朴《ぼく》なオネエちゃんふうだった井川遙が、口紅のCMで全身から女性らしい色気を発散させた。そこには、まさにハッと息をのむようなインパクトがあった。

釈由美子も、いわゆる正統派美人とはいえないが、ひょうきん系お色気からクール路線に移行することによって、体内に秘められたセクシャリティを全開させた。

さらに、癒し系巨乳の小池栄子は、過激格闘技番組のホステスになり、過酷《かこく》な男の戦いに涙する姿を見せたことで、けっこう底深い色香《いろか》をただよわせはじめた。

以上のように、女性は、ビジュアルそのものではなく、つねにキャラの力によって男を魅了するもののようだ。そして、ここには、性的インパクトを与えるキャラの秘訣がある。

そう、「アンビバレンツ」である。むずかしい言葉で訳すと「二律背反性《にりつはいはんせい》」、つまり、意外性ということである。魔物が、かならず二つ以上の正体をもっているように、二つ以上の正体をもつ女は、魔性《ましょう》の魅惑《みわく》をおびるのである。

たとえば、日ごろ酒を飲まない女が、「今日だけは」といって飲みだすだけで、男は、「ほうっ」と感嘆《かんたん》の吐息《といき》をもらす。もう一つの正体がある女に、男は、たぶらかされた気分になるわけだ。それは、男に、ちょっとしたスリルを抱《いだ》かせてくれる。

それだけで、あなたは、その瞬間、男を魅了したといっていい。つまり、あなたは〝もう一人の自分〟をつくることで、いとも簡単に「フェロモン系オンナ」になれるというわけだ。

男をラクに落とすための〝おあずけ〟効果とは

某局の、スポーツマンや芸能人が、さまざまな競技種目で総合的身体能力を競いあう番組のなかで名物になっているのが、〝モンスター・ボックス〟とよばれる巨大な跳《と》び箱《ばこ》だ。

選手たちが跳躍《ちょうやく》をクリアするごとに、一段ずつ段が積みあげられて、最後には電話ボックスを優に超える高さになってしまう。

決勝に近づくにつれ、それなりにスリルが盛りあがっていくわけだが、そこで、ちょっとした演出がほどこされる。出場選手が飛び板を踏んだ、まさにその瞬間に、かならずCMが挿入《そうにゅう》されるのだ。

やけにイラつくのだが、そのいっぽうで、CMが終わるのを待てないほど、結果が気になる。たかが跳び箱じゃないかと、うすぼんやりみていたのが、やにわに期待感を盛りあげられてしまうのである。

われわれ人間は、気持ちが高ぶったところで中断された出来事の先に、必要以上の期待感を抱く傾向がある。これは、先にも述べた「ゼイガルニイク効果」とよばれるものである。

この、いわば〝おあずけ〟効果は、女のための恋愛術にも十分に応用できる。たとえば、男は、はじめてのデートでも、「今日キメる可能性四〇%」くらいの期待感を抱いてあらわれるものだ。

もちろん、女性としては初デートでキメさせてはならないわけだが、そこで駆け引きのポイントになるのが、どこで「おあずけ」をくわせるかだ。

たとえば日曜日のデートが、午後三時に上映される映画からはじまったとしよう。今日キメてやるぞ、と思っている男は、つぎのような、五つのプロセスを想定しているはずだ。

映画終了（午後五時）→街を散歩（午後六時まで）→ディナー（午後八時まで）→カウンター・バー（午後一一時まで）→ホテル（朝まで）。

肝心なのは、「気持ちが高ぶったところで」というポイントである。

小説を読みはじめたばかりのところで中断されれば、先への期待感が生まれないように、そのポイントが早すぎては、つぎへの期待感は、植えつけられない。

ディナー終了時は、まだ午後八時。この時間に街のまんなかに放りだされた男は、消化不良のあまり、一人でキャバクラに向かう可能性が大きい。ひそかにホテル計画を抱いていて、それなりの金ももってきているから、ヤケクソになってキャバクラに朝まで居座りかねない。

そこで、キャバクラ嬢と意気投合でもしてしまえば、その日のうちに、あなたへの印象は薄《うす》れてしまう。つまり、元も子もなくなるわけだ。

やはり、カウンター・バーまで進み、そこで二時間はつきあいたいところだ。

バーのカウンターに二人で並ぶのは、それなりにイイ感じのシチュエーションになる。モテないオジサンのなかには、もう、それだけで達成感を覚えてしまう人もいるくらいだ。そして、バーまでつきあったら、サヨナラする。

午後一一時でカットというのは、男にとって、四〇%満足・六〇%不満足くらいの心理状態になる。しかし、もともと「今日キメる可能性四〇%」で臨《のぞ》んでいるのだから、シラけや怒りを感じるほどの不満は残らない。

この時間に、「ごめんね、今日は帰るね」といえば、ほどよく、男のなかに〝プラス方向のストレス〟が残される。それが〝おあずけ〟効果を生むというわけだ。

ちなみに、「どうしても、今日ホテルへ行かなければダメだ」と食い下がる男は、そのまま振りきって、それっきりにしたほうが得策である。

なぜなら、そこまでしつように食い下がるのは、男自身が「つぎはない」と心に決めている証拠だからだ。

「恋愛の主導権は、つねに女側にある」と自覚せよ

口説《くど》くのは男の役目で、女は口説かれるのを待つだけ。恋愛の主導権は、つねに男にある——。もし、そんなことを思っている女性がいるとすれば、彼女は永遠に恋をつかむことはできないだろう。

この世のあらゆる恋は、じつは、男に口説かせると見せかけて、女が口説くことによって動いてきたのだから。

心理学者のウォルシュとヒューイットは、その隠《かく》れた真実を証明するために、つぎのようなシンプルな心理実験を行なっている。

バーのカウンターにサクラ（まわし者）の美女を一人で座らせて、入店してくる男性客たちに向かって、いくつかのビミョーな態度をとらせる。

①ソッポを向く。
②軽く視線をあわせる。
③何度か視線をあわせる。
④視線があったときに微笑を浮かべる。

である。その結果、美女の誘惑度が増すごとに、初対面の男性客が誘いの言葉をかけてくる確率が、段階的にアップしていくことがわかった。

これは、当たり前のようでいて、それほど当たり前の結果ではない。

この場合、ふつうに予想されるのは、たった一人でカウンターにいる美女を、男た

ちが放っておくはずがないということだろう。

ところが、実験では、男たちは、美女のほうから、なんらかのサインが送られないかぎり、自分からアプローチすることはない、ということがわかったのだから。

女性は、この結果をどう読みとるのが正解だろうか？

答えは、マトモな社会人を自任する男は、ズボンの下に攻撃的な性欲を隠しているとはいえ、誰もが、表向きは紳士《しんし》でありたいと思っている、ということである。

たとえ美女が一人でいようと、見ず知らずの他人に、気安くアプローチしないくらいの抑制《よくせい》力はあるのだ。

男は、みんなオオカミ、と女性はいう。そのとおりだ。だが、みずからオオカミに食べられるヒツジになるつもりがなければ、恋は生まれない。あの女性が食べたいという願望と、恋の炎は、まったく同じものだと思ってほしい。

そして、紳士を気どった男たちをウルフマンに変身させるには、どうしても女性のリードが必要なのだ。

それでは、視線と微笑によって招き寄せた男を完全にゲットするには、どうしたらいいのか？

そこから先は、ちょっと高度な駆け引きが必要になる。たとえば、あるスナックのママは、おたがいに憎からず思っている客のために、あるとき、早めに閉店して、二人きりになるという特上のサービスを行なった。

美人女将《おかみ》や美人ママが、自分と二人きりになるために、ノレンを早めに片づけてくれるのは、まさに、男冥利《みょうり》につきるというものだろう。

その男性客は、それまでは好感のもてる紳士を気どっていたものの、そこでは本性をあらわした。

が、二人きりで酒を飲みかわす店内で、男が口説きのラッシュをかけるや、ママはポツリとこういった。

「今日は、ダメよ」

男は、シューッとしぼんでしまった。やはり甘くはなかったか、とうなだれる男に、ママは、「あたしと寝たい？」とズバリ聞いた。

うっすらと微笑《ほほえ》んだ顔に、妖《あや》しい誘惑がある。男は、ふたたび元気をとりもどして、ウンウンとうなずいた。

「いつなら、いいの？」と、おそるおそる聞いてみると、「お店をやっていると、なかなか自由がきかないのよ」。

〈なんだ、けっきょく、ダメなんじゃないか……〉。そこで、ママが、こうひと言。

「でも、そのうち、一日くらいのヒマはつくれるはずだから」

男は、心のなかで万歳と叫んでいたはずだ。

かくして、たんにママと寝たいと思って

いただけの男は、この瞬間に、ママにゾッコンになり、以後、連日連夜、この店に通う上客になったのである。

　このように、期待感を上げたり下げたりしたあと、最後にピュッと上げることで、男は、その女性にますますホレこんでしまう。みごとな手練といわざるをえない。

「女の涙」で男を丸めこむ、ずる～い方法

男は女の涙に弱い、という。だが、実際には、男が女の涙にグラッと揺さぶられる場面は、そう多くはない。

　むしろ、「困ったなぁ」「めんどうだなぁ」「うんざりだなぁ」「ずるいなぁ」と、不快感を覚える場面のほうが、圧倒的に多いはずである。

　しかし、あまりにも涙を見せない女性というのも困りもので、男は「カワイクない」「小憎らしい」「オレのことをなんとも思っていないんじゃないか」などと感じるのも事実だ。となると、やはり、女性は、どこかでは泣かなくてはならないことになる。

　それでは、どんなとき、どんな場所で泣けば、〝武器としての涙〟を最大限に活用できるのだろうか？

　まず、おたがいにスパークして、ガンガンやりあっているような局面では、涙を見せないほうがいい。それは、くやし涙にしか見えず、よけいに勝気な女だと思われてしまうだけだ。

　理論で負けて形勢不利になったときはどうか？　そこでも、こらえておいたほうが

賢明だろう。泣いてしまえば、たいがいの男は、ずるいと思うだけだ。

ただし、涙に逃げこまずに、はらはらと涙の雫《しずく》をこぼしつつも、たしかな声で、自分の思いを訴える場合は、そのかぎりではない。

こんなとき、男は、すっと頭を冷やし、じっと女を見つめる。どう考えても、泣いた姿は、男よりも女のほうがカワイイに決まっている。

ここで、局面はガラリと変わる。男は、ケンカに負けたくないという気持ちを捨てて、女の泣き顔だけを見つめていたい気分になるはずだ。これはもう、ほとんど胸キュンになっている状況である。

懸命にふつうの表情をとりつくろいながら流す涙は、女性特有のしとやかさを感じさせ、なおさら男の胸を打つのである。

その意味で、ケンカは、男の心をとらえきる絶好のチャンスともいえる。

つぎに、仕事か私生活で大ダメージを負った男が、酒に酔って泣いているような場合は、あからさまに同調の涙を流してはならない。

その場面でハンカチなど出して泣いてみせようものなら、映画『タイタニック』を見て涙するのと同じ程度の感性だと思われてしまう。

「なんだ、お前は、人の不幸をサカナにして自己陶酔《とうすい》のカタルシスにひたるつもりか」。このあたりの心理には、男はとても敏感なのだ。

そこで、こんな場合は、かすかに斜《なな》め横を向き、人さし指で軽くマツゲをぬぐうしぐさをするだけにしよう。

このしぐさは、ヘタな同情にも自己陶酔にも見られずにすむ。ひたすら、自分の愛する男が傷ついていることだけを悲しんでいる風に見えるはずだ。

もちろん、悲嘆《ひたん》にくれている最中の男には、そんなことを気にとめる余裕はない。

だが、後日、頭を冷やして平静になった男の脳裏《のうり》に、あなたが見せた、あのしぐさがよみがえる。そのとき、男は、ふっと胸に熱いものがこみあげるのを覚え、その女性への思いをあらたにすることだろう。極真カラテの〝三年殺し〟ではないが、あとになって効いてくる技には、即効性の技以上の効果があるのだ。

涙の正しい使用法についての最後は、「泣ける映画」は極力、男といっしょに見に行かないことだ。とくに恋愛ものは、やめておいたほうがいい。

男は、オタクでもないかぎり、恋愛ものには本気で感情移入できない。二十歳を過ぎた女が、単純に悲しい別れを描いた恋愛映画などを見て、さめざめと泣いているのを見ると、たいがいの男は、「こいつの涙の限界点は、そうとうに低いんじゃないか」と思ってしまう。

そんな印象をもたれてしまったら、それ以後は、いかなる涙も武器としては通用しなくなってしまうのである。

男からの愛を引きだす女のヒステリー作戦

ある男が、キャバクラ嬢をまる一日のデートに誘うことに成功した。ところが、彼女は、約束の時間に二五分も遅れてあらわれた。

言い訳は、「出るのが遅れちゃって」。しかし、男は、ムッとしながらも、文句一ついわずに、ニコニコ顔で彼女をエスコートした。

そのときの男の心理を解説すると、こうなる。

〈しょっぱなで遅刻を責めて、逆ギレでもされたら、元も子もない。夜のホテルがおじゃんになっちまったら、お話にならんからなあ……〉

というように、男は、セックスの満足のみと決めた相手には、極力、「感情」という資源を節約しようとする。

裏を返せば、説教したり怒ったりして感情をあらわにするのは、女性への愛のバロメータといえるのだ。

その証拠に、一夜限りの彼女にはなんでも許す男も、本命の彼女の遅刻にたいしては、怒りをストレートに出す。

「いつも二〇分遅れるんだったら、時間を約束する意味がどこにあるんだ」式に説教するとか、最初の一時間をあからさまな不機嫌でとおすとか。

この使い分けを、ごく簡単な言葉で説明すれば、関係への「手抜き」と「本気」の違いといえるだろうか。

女性は、漠然《ばくぜん》とではあっても、男のこうした性向《せいこう》をわかっているようだ。だから、自分にたいして性欲以外の感情をあらわさない男に、大きな不信感を抱く。

ある大学で女子学生を対象にして調査したところ、女性は、デートのあとに、相手が発した言葉の真意、行動の本当の動機などを探ろうとして、モンモンとする傾向にあることがわかった。

いい意味でのケンカが徹底的にやれて、その後に仲直りしたというのならば、デート後にあれこれ思い悩むことはないだろう。

この調査結果は、多くの男女関係が、それとは反対の状況にあることを物語っているわけだ。

そこで、女性は、自分のほうから男のエネルギーを引きだす策略に出る。それこそが、ヒステリーである。

ヒステリーは、大声でワメいてツメでひっかくことだとはかぎらない。ビービーと泣くのも、ワケのわからないことでスネるのも、カドのある言い方で挑発するのも、すべてヒステリーだ。

それを食らわされた男は、「ここで、この女を失ったらソンだ」という、いじましい計算も働いて、懸命になだめにかかる。あるいは、怒りの色を見せて、正当な反論をこころみる。

結果、男は、ほかの女性のために節約しておこうと思っていた感情という資源を、その女性のために放出することになるのである。

また、女性のヒステリーは、じつは男の献身をより確実にするための、女の戦術でもある。

それは、一種の脅《おど》しのかたちをとる。

「私を軽くみていると、こんな程度のヒステリーではすまないわよ、私をしっかりつなぎとめておきたいのなら、鳥かごのなかの鳥に、思い出したようにエサをやり、あとは放っておくみたいなことは、考え直したほうが身のためよ」というわけである。

このように、女性は、一人の男から、どれだけエネルギーを奪うかをめざし、男は、多くの女にエネルギー配分するために、一人当たりに費やすエネルギーの節約をめざす。

恋の駆け引きとは、まさにそのエネルギーの争奪戦なのである。

「嫉妬」は、最高の媚薬になる

ヤキモチには、二つの心理的効果がある。

一つは、相手が自分にたいして判定している価値を数段上げる効果。もう一つは、あんな相手に負けるはずがないというプライドを刺激する効果だ。

江戸時代の遊郭《ゆうかく》には、この心理的効果をたくみに応用したシステムがあった。遊郭の花魁《おいらん》は、「廻《まわ》し」とよばれるシステムによって、どんなに強力なダンナがついていても、ひと晩に数人の客をとらなければならないことになっていた。

吉川英治の『宮本武蔵』にも、世に聞こえた総合芸術家であり京都の名士であった本阿弥光悦《ほんあみこうえつ》が、ナンバーワンの大夫《たゆう》（花魁のトップ）に待たされる場面が登場する。

ほかの宴席によばれていて、なかなか姿をあらわさない大夫に、光悦は、「あれは、貴重な女人だ」という思いをあらたにするというわけだ。

また、システムだけでなく、花魁自身の駆け引きもじつに巧妙《こうみよう》だった。客は、高い金を払って花魁を座敷によぶわけだが、花魁は、ほかの得意客が待っていることをよそおって、スゲなくことわってしまうことがあった。

そこで、客は、クソッと思いつつも、それほど引きがある女ならば、いずれ、このオレが独り占めしてみせようとプライドを燃やす。

かくして、当の花魁の値段は、おのずとハネ上がっていくという仕組みである。

小林秀雄と中原中也《ちゅうや》には、長谷川泰子という女性をめぐる有名な三角関係のエピソードがあった。

作家を志《こころざ》していた小林秀雄は、自分に芸術家、創造者としての才能がないことを見定めて評論家に転向した。

天才詩人・中原中也への小林秀雄の友愛には、そもそも、自分にはない才能への嫉《しっ》妬《と》が含まれていたのだ。小林は、中也の愛人であった泰子を強引に奪いとってしまうのだが、その背景には、中也の才能への嫉妬がからんでいたとされている。

不世出の文芸評論家だった小林秀雄は、ほかの誰よりも中原中也の才能を理解していた。その小林にとって、中也の愛人は、自分にはない才能が獲得した勲章《くんしょう》的な意味合いがあったに違いない。

つまり、長谷川泰子は、天才詩人の愛人であったがゆえに、ほとんど幻想ともいうべき多大な評価を得ることになったわけだ。

モノの値段は、あってなきがごときものといわれるように、それを求める側の思いによって激しく上下する。

ということは、日ごろモテない女でも、ヤキモチの利用の仕方によっては、その価値を倍増させることができるというわけだ。

たとえば、意図的に三角関係をよそおってみるのも、一つの手だろう。商社に勤務する某OLは、酒を飲みに行くときには、かならず二人以上の男を誘う戦略をとっている。

彼女のビジュアルは、まったく十人並みなのだが、当人によると、「男というのは、女に酒に誘われれば、たいていついてくるもの」なのだ。

その一対二のユニットで、彼女は、二人の男にまんべんなく甘えてみせるのだが、そのさい、ビミョーに差をつけることを忘れない。

すると、差をつけられたほうは、かならずムッとするという。そこにあるのは、愛の嫉妬ではなく、どちらがモテるかという、男同士のプライドをかけた嫉妬にほかならない。

もちろん、彼女はそれでかまわないという。なんたって、あの小林秀雄でさえそうであったように、ライバルへの嫉妬がもとで、女性を愛するようになるということは、よくある話だからだ。

男を骨抜きにする悪女の言い訳術

アヴェ・プレヴォの小説『マノン・レスコー』のヒロインである娼婦《しょうふ》マノンは、永遠の「ファム・ファタール」とされている。

「ファム・ファタール」とは、「魔性の女」と訳されることが多い。たんに男を惑わすバンプ（妖婦）を超えた、男の運命を根こそぎ狂わす女の代名詞だ。

マノンは、ある金持ちに囲われた娼婦の身分を隠して、名家の青年デ・グリューを誘惑する。たった一度の、通りすがりの出会いで、デ・グリューを虜にしてしまうのだが、そのさいにモノをいうのは、たぐいまれな美貌《びぼう》だけではない。

「私は、両親に修道院に送られようとしている不幸な女」というウソが、たちどころにデ・グリューを惹《ひ》きつける。この言葉によって、純真な青年は、その場で、彼女を「悲運」から救いだす騎士になりきってしまうのだ。

デ・グリューは、約束された財産も名誉

も捨て、マノンとともにパリのアパルトマンに駆け落ちする。

ところが、あるきっかけで、マノンが一人の金持ちに囲われた娼婦だったということが発覚してしまう。

デ・グリューは、海千山千《うみせんやません》のプレーボーイではない。世間も女も知らない、名家のボンボンだ。彼は、マノンのウソと裏切りに、地獄の底に落ちたような苦しみを味わう。

が、ようやく苦しみから抜け出て名門の神学校に進み、約束されたエリート・コースを歩みはじめる。

そのデ・グリューの前に、あろうことか、

ふたたびマノンが姿をあらわす。ただの悪女ならば、裏切りが発覚した時点で、いちもくさんに姿をくらますところだ。

しかし、運命を狂わすファム・ファタールは、そんなことではターゲットの前から消え去らない。誘惑は、どんな困難にもめげず、何度でもくり返されるのだ。

とはいえ、マノンの裏切りに言い訳の余地はないはずである。デ・グリューは、当然のことながら、マノンの裏切りを責める。

それにたいし、マノンは、意外にも「弁解はいたしません」と素直に非を認めるから、たちが悪い。

じつは、この点に、ただの悪女がおよびもつかない、マノンのしたたかさがある。この段階では、男は、重い罰を言い渡す鬼判事の心になっている。それをかわすには、深い後悔《こうかい》の気持ちを見せるのがいちばんなのだ。

そして、マノンは、「それでも、あなたの心をとりもどせないならば、私は死んでしまいます」と、デ・グリューに泣きすがるのである。

相手は、またとない美貌の女性。どんな裏切りがあろうと、そのことに変わりはない。そうでなくとも、男というのは、基本的にケチで、自分が抱くことができるとわかっている女を、そう簡単には手放さないものである。

マノンは、そんな男心を見抜いていたのだ。だが、それでも、デ・グリューのなかには、あるわだかまりが残っていた。自分は、マノンを囲っていた男に負けたのではないかというわだかまりである。

そこで、デ・グリューは、「なぜ、そんな男に誘惑されたのか」と問いつめる。すると、マノンは、はらはらと涙をこぼしながら、「たしかに、その人がくれた贅沢な生活は魅力でした。でも、その魅力は、あなたにある、こまやかな感情や気品のある物腰の魅力にはとうていおよびません」と訴える。

これで、デ・グリューのプライドは、おおいに満足させられてしまう。この点が、肝心なところで、ほかの男には負けないというプライドも、男が女を獲得しようとする重要な動機の一つなのだ。

つまり、マノンは、ほかの男をからめたトラブルによって、かえって、デ・グリューの心を強くからめとってしまったことになる。

これは、一八世紀のフランスを舞台にした物語だが、この言い訳術は、二一世紀の日本でも十分に通用するはず。マノン・レスコータイプの悪女をめざしてみるのも、おすすめである。

「屈辱感」を与えるだけで男の恋情は燃えあがる

プロスペル・メリメ原作の『カルメン』は、マジメ一徹《いってつ》の竜騎兵《りゅうきへい》だったドン・ホセが、密輸団《みつゆだん》の女首領《しゅりょう》カルメンの魔性に魅せられて転落をはじめ、密輸団の一員から山賊《さんぞく》にまで身を落としたあげく、カルメンを殺してしまう悲劇だ。

ホセによるカルメン殺害は、ホセの束縛《そくばく》にうんざりして、ことさらにほかの男に走るカルメンへの嫉妬によってもたらされる。

よく知られたストーリーだが、あらためて考え直してみると、この物語にはやはり不可解な点がある。

それは、マジメ一徹だったホセが、どうしてまた、カルメンのようなあからさまな悪女に魅入《みい》られたのか、ということだ。

というのも、カルメンは、それこそ毒々しい悪の華そのもの。警戒したくなるキャラクターなのだ。その姿を、メリメは、以下のように描いている。

「白い絹《きぬ》のストッキングが丸見えになるほ

ど短い赤のスカートをはいて、ショールは、肩がむきだしになるようにわざとはだけさせている。ブラウスには花を挿《さ》し、おまけにもう一輪、唇に花をくわえて、ぴちぴちの雌馬《めすうま》のように腰をくねらせながら歩いてくる」

それが、カルメンが最初にドン・ホセの前にあらわれたときの姿である。ホセは、そんなカルメンを目の当たりにして、「自分の故郷では、こういう女を見たら、誰もが十字を切ったものだ」と胸のなかで思う。

つまり、カルメンは、はなっから〝歩くタブー〟といった様子でドン・ホセの前に登場しているのだ。

ところが、ホセは、もめごとを起こしたカルメンを監獄《かんごく》に連行するさい、カルメンの甘いささやきにコロリと言いくるめられて、その脱獄《だつごく》を手伝ってしまう。軍隊育ちの男が、これでは、あまりにもたわいなさすぎる。はたして、メリメは、ドン・ホセのキャラ設定において、大幅な手抜きをしたのだろうか？

いや、そうではない。『カルメン』は、魔性の女の物語であるいっぽう、シェークスピアの『オセロ』と並び称《しょう》される〝男の嫉妬〟の物語だ。

メリメは、ガチガチの軍人が悪女丸出しの女に魅入られる伏線《ふくせん》を、すでに、ドン・ホセがはじめてカルメンに会う場面にはりめぐらせていた。

歩くタブーのようなカルメンの姿を見たホセは、タブーにふれるのを避けるように、カルメンから目をそらせて、やりかけの仕事にもどろうとする。

するとカルメンが、「ちょいと、おにいさん」と声をかけ、銃の手入れに使う道具をぶらさげる鎖《くさり》に目をつけて、「これを、私にちょうだい」とホセにおねだりする。

ホセが即座に断ると、カルメンは、口にくわえていた花を指ではじいてホセの眉間《みけん》にぶつけ、つんと背を向けて去っていく。

そこで、ホセの全身に屈辱《くつじょく》の火がカッと燃える。だが、ホセは、どういうわけか、地面に落ちた花を拾って、ひそかに上着のなかにしまいこむのだ。

これは、ホセという男のすべてをあらわしているシーンといってもいい。ホセの脳《のう》髄《ずい》には、屈辱の刺激によって、自分でも説明のつかない快感がしみわたった。つまり、彼は、もともと、いたぶられることに快感を覚える性向があったのである。

このように、女から刺激を受けることなくジミに生きてきた男は、ひそかに刺激にたいする飢《う》えを脳にためこんでいることが多い。

つまり、その手の男をモノにするには、あからさまな悪女となって、いたぶってやるにかぎるのだ。

こういうタイプは、上級公務員とか大学

教授とかの〝ジミ系エリート〟に多い。もちろん、この場合は、女はカルメンタイプがぴったり。

といっても、本質的なカルメンタイプである必要はない。それに似合う声、ボディ、顔立ちをそなえていれば、それで十分。あとは、それふうのパフォーマンスをするだけで、カルメンタイプの悪女はできあがるのだ。

男の泣きどころを突く高級ホステスのお手並みとは

いまは、バカみたいに安いかウソいつわりなく高級かの時代だという。激しい安値競争で、ガソリンスタンドやカラオケ・ボックスが軒並《のきな》み倒産していくいっぽうで、通販では一万円単位の品に、どしどし注文が入るらしい。

クラブの世界でも、いま、その両極端化が起こっている。安さを売り物にする東京の某キャバクラでは、とうとう、四〇分一〇〇〇円なんていう料金設定まであらわれた。

本当に、そのとおりにいくのかと、興味津々《しんしん》で入店してみたら、例によってチャージだのなんだのがついたものの、たしかに請求額は一三五〇円だった。

こういう店では、どんなイイ女が席につくか、誰がいちばんモテるかなんてことを気にする客は、一人もいない。気になるのは、一〇〇〇円ギリギリの線をどこまでクリアできるかということだけだ。

しかし、こんな〝クラブ〟ばかり行っていると、さすがに、男の力がナマるという気にもなってくる。

やはり、ちょっとやそっとでは男にはナビかない銀座、六本木あたりの高級ホステスをソノ気にさせてこそ、男子の本懐《ほんかい》というものだろう、などという気がムクムクと頭をもたげてくる。

じつは、激安キャバクラのいっぽうで、バブル崩壊後に絶滅しかかった高級クラブが、静かに復活している。ほかの業種の例にもれず、どっちつかずの中級クラブだけが淘汰《とうた》されていったのだ。

そうなると、そのコントラストによって、激安キャバクラに行っているわが身が、〝草野球〟にあまんじているように思えてきて、座って三万円、五万円のクラブで男の力をためしたくなってくる。

三万円、五万円は、たしかにバカバカしい。だが、夜の街で札ビラをきっていたバブル長者たちが消え去ったあとも、高級クラブの灯は消えていない。

それは、高級クラブが、男に、〝口説きのメジャー・リーグ〟に挑戦するような気を起こさせるからだろう。

いっぽうの高級クラブ側の立場に立つと、ホステスが高級でエレガントというだけでは、リピーターを得ることはできない。

じつは、高級クラブには、そこいらの激安キャバクラにはない、昔ながらの心理術が脈々と生き残っているのだ。それは、ひと口にいうと、男の「自己愛」をくすぐる心理術である。

入店した男たちは、まず、高級クラブの席に座ったステータス感にひたる。しかし、同時に、このメジャーの場で、自分の力がどれほど通用するかについての不安も、覚える。

これが、本当の勝負の場ならば、安キャバクラから上がってきたばかりの男など、4打席4三振で終わるのが関の山だ。

ところが、高級クラブのホステス嬢は、どんな男にも「自分がいちばんモテている」という錯覚を起こさせる術を心得ている。

三、四〇分に一度はほかの客によばれるのだから、そう思わせるのは至難《しなん》のワザである。

しかし、すべての客にそう思わせる術を身につけていなければ、一流ホステスとはいえない。

「自分は、トップクラスの女性を相手にしている」というステータス感、そして、「その場で、自分は誰よりもモテている」という自己愛の充足。

そのお値段が、座って三万円、五万円となるわけだ。

これを、目くじら立ててバカバカしいと叫ぶ男は、人生のなんたるかを知らない。昇進して部長になった男、アカデミー賞を受賞した俳優、選挙に勝った政治家をもっとも満足させるのは、衣食住の向上などではなく、天にも昇るような「いい気分」にほかならない。

そして、ふつうならば、「いい気分」は、どこにも売っていないし、いくら出しても買うことはできないのだ。

そこで、男たちは、自分ではそうとは気づかずに、それを高級クラブに買いにいくのである。

自分をより魅力的に見せるための、女の策略

ダブル・デートしようということになったとき、「カワイイ子、連れてくから、楽しみにしてね」と女性がいったとする。彼女のカレシが、それをダブル・デートにエントリーした男に伝えると、かならず、こういう声が返ってくる。「女の〝カワイイ子連れてく〟はアテにならねえからな」。

そう、これは、男ならば誰もが知っている法則のはずである。

もちろん、そう約束した彼女は、自分の沽券《こけん》にかかわるような不美人を連れてくるようなことはない。

では、どんな女性があらわれるのだろうか？

それが、なんともビミョーなのである。紹介者の彼女をハデめの美人度70のプチ美人だとすれば、それよりもややジミで、美人度は66〜68といったところ。

そして、ダブル・デートは、紹介者の彼女一人がペラペラとしゃべって、キラキラと目立つことになる。

彼女は、二人きりのデートよりもダンゼン輝いて見えるので、カレシでさえ圧倒されてしまうほどだ。

いわゆる「引き立て役」の効果だが、こ

の心理効果は、心理学の実験ではっきりと証明されている。

数人の男性被験者に、ある女性の写真を見せる。ミス二丁目三番地といった、絵に描いたようなプチ美人だ。

男性被験者たちには、この女性のルックスに点数をつけてもらうのだが、そのさいに二つのパターンをもうける。

一つは、ごく単純に、女性の写真を見てもらうケース。もう一つは、女性の写真を見る前に、プロの美人モデルが出演しているビデオを見てもらうケースだ。

その結果、ビデオを見せられた組のほうが、だんぜん評価が低いという傾向が、はっきりとあらわれた。

心理学では、この心理効果を、ファラー・フォーセットという美人モデル兼女優（元祖チャーリーズ・エンジェルの一人）にちなんで「ファラー効果」とよんでいる。

たしかに、ファラー・フォーセットに登場されてしまったら、市井《しせい》のプチ美人も、下を向くしかないだろう。

かつて、東海林さだお氏のマンガに、この「ファラー効果」をみごとに表現したものがあった。

長距離列車のなかで、二人の登山家の前

に二人のジミ系女性が座る。二人の男は、徹底無視をきめこんで窓の外ばかりながめている。

するとその目に、停車駅にいる女性たちが映る。

二人は、心のなかで、「せめて、あれくらいの女性が、ここに座っていてくれたら」と思う。

ところが、列車がどんどん田舎《いなか》に入っていくにつれ、停車駅には年ごろの女性の姿が少なくなっていく。それとともに、二人の美人の基準も、カシャッ、カシャと音を立てて下がっていく。

やがて、列車が目的地に着いて、二人は、登山をはじめる。山の上では、女性を見かけない。すると、その山中に、電車のなかにいた女性二人が姿をあらわす。

各駅の風景によって美人の基準値が一〇段階ほど下がっていた二人の登山家は、そこで、天使に出会ったようにトキメクというオチである。

また、合コンには、「幹事MAXの法則」というものがある。幹事の女性が美人以前ならば、美人は集まらない（集めない）という法則だ。

女性とは、男が想像しているような夢想家ではない。いつも鏡を見て、たえずほかの女性を観察している彼女たちは、じつは、自分にたいして残酷《ざんこく》なほど、〝美の現実〟と向き合っているのだ。

だからこそ、その現実に対処するために、女性は、知力をつくして策略をめぐらし、最大限に自分を魅力的に見せるようにするのである。

男を惑わすには外見の魅力だけではダメ

「ヤラセてくれない美人より、ヤラセてくれる不美人がいい」というのが、男の切実な本音である。

どんな場合でも、男は、女と相対《あいたい》するとき、"下心ゼロ"ということはない。だから、絶対にヤラセてくれないとわかっている美人は、絵に描いたモチと同じだ。

どうせヤラセてくれないならば、市井《しせい》のプチ美人をながめているよりは、テレビで美人タレントを観賞していたほうがマシなのである。

それでは、あくまでもセックス抜きの評価だとして「冷たい美人」と「美人じゃないが、優しい女性」とでは、どちらがベターなのだろうか？

セックス抜きだから、男にとってはさほど重要な問題ではないが、女性にとっては、社会生活上の有利不利という点で、きわめて気にかかる問題になるだろう。

これについては、シーガルとアロンソンが行なった心理学実験によって、きわめて明快な解答が出されている。

この実験においては、まず、募集した五〇人の男子学生が、一人の女性検査官に心理テストを受けるという状況がつくりだされた。男子学生たちは、これが、心理テストに名を借りた心理実験であることを知らない。

彼らは、一人一人、女性検査官の前に座って、カリフォルニア心理検査とよばれる性格テストを受ける。

そして、その場で、女性検査官から、性格面におけるプラスの評価、あるいはマイナスの評価を受ける。

プラス評価は、「マジメで順応力があり、社会に適応していける人柄」。マイナス評価は、「精神的に未成熟で、内省力と創造性に欠ける」。

学生たちは、てっきり本物のテストが行なわれていると思っているので、マイナス評価を下された場合は、かなり深刻なショックを受ける。

だが、実験の目的は、まったく別のところにある。検査官は、そうとうな美人が選ばれており、彼女は、学生たちに心理テストをするさい、一人二役を演じる。

素《す》が美形なうえにエレガントな化粧をほどこした超美人検査官と、ぶかっこうなカツラにグロテスクな化粧でSFX化したコワい検査官である。

つまり、この一人二役によって、性格テストを受ける（名目の）五〇人の学生たちは、つぎの四つのグループに分けられることになる。

①美人検査官からプラス評価されたグループ。

②美人検査官からマイナス評価されたグループ。

③コワい検査官からプラス評価されたグループ。

④コワい検査官からマイナス評価されたグループ。

じつは、学生たちは、性格テストが終わるつど、別の実験者によって、女性検査官の好感度について点数（マイナス5ポイントからプラス5ポイントまで）をつけさせられていた。つまり、逆に検査官を評価する機会を与えられたのだ。

お祭しのとおり、これが、実験の本当の目的である。

その結果、①は3・67、②が1・08、③が1・42、④が1・17という点数になった。

そこで、②と③の点数に注目していただきたい。わずかとはいえ、③が②を0・34ポイント上回っている。

これは、まさに、「美人ではないが、優しい女性」のほうが「冷たい美人」よりも好感度が高いことを示す数字にほかならない。

①の得点が示しているように、男は、美

人にホメられるのが、なによりもうれしい。が、その反面、美人にケナされるのは、いちばんツライことでもあるのだ。

もちろん、この両極は、好感度というよりは「関心度」を物語る数字に違いない。関心のある相手からケナされれば、それだけダメージが大きくなる。

つまり、この数字は、裏を返せば、美人ではない女性にたいする男の「関心度」の低さをあらためて物語っているともいえるわけだ。

とはいえ、なにごとも受けとりようである。「優しい女性」への好感度は、男社会で生きる女性たちにとっては、それなりに応用のきく、一つの知恵となるに違いない。

もちろん、美人であるあなたには、無用の知恵だろうけれど。

旅先で日本人男性をカモにする方法

イタリア旅行に行った二日目に、リトル・トーキョーで親子丼を食べているような日本男児がいる。何のための海外旅行かと思うが、こういう日本男児は多い。

ある中国のツアーでも、旅行会社が気をきかせてもっていったカップメンが激しい奪い合いになったと聞く。ラーメンの本場でカップメンの奪い合いというのも奇妙《きみょう》な風景だが、日本人には、どこの国へ行っても、故国をヤドカリのように背負っている性質があるのだ。

この日本人の性質につけこめば、日本人女性は、海外でお姫様になれる。失礼ながら、あなたが、料理にたとえると親子丼くらいのものだったとしよう。ところが、海外においては、あなたの値段は、ウナ重くらいにはハネ上がる。

イタリアのリトル・トーキョーの親子丼は、日本円に換算《かんさん》すると、一六〇〇円前後。それでも、ローマの日本男児は、五〇〇円ほどのピッツァにもカルボナーラにも見向きもせず、一六〇〇円の親子丼を求めてさまよい歩く。

それと同様に、アメリカやヨーロッパに投げだされた日本男児は、三日もしないうちにバター顔、チーズ顔の女に飽き飽きして、日本女性のソソとした顔がなつかしくなるのである。

そんな日本男児をゲットする場所は、比較的小さなホテルのロビーが最適である。そのロビーのソファで、いかにも旅慣れていない様子の悩み顔で時刻表をながめていれば、三〇分で三人の日本男児が近寄ってくるはずだ。

日本男児にとって、海外の日本女性をナンパする道は、「日本語による旅行案内」しかない。だから、あなたも、海外で日本男児をカモにする気構えをおもちならば、コースづくしのツアーだけは避けなければならない。

さて、三〇分に三人ならば、一時間で六人。それだけいれば、けっこう選択の幅が広がるだろう。近寄ってきて旅行法をアドバイスする男たちすべてに、アイソをふりまきつつ、じっくりと品定めをしていただきたい。

ただし、そのさいのあなたの服装だが、「地球の歩き方」風のジーンズ+リュックはやめたほうがいい。

夏の旅行シーズンになると、ヨーロッパでは、金のない学生たちが、いっせいに「地球の歩き方」スタイルで旅行をはじめるため、日本男児は、ヨーロッパのあらゆる国々で、ジーンズにリュック姿の女子学生を目にすることになる。

ヨーロッパには、ソフィー・マルソー、イザベル・アジャーニ、エマニュエル・ベアール、ジュリエット・ビノシュみたいなフェミニンな女性は少なく、かの地の若い女性は、おしなべてガタイがいい。腰もズデンと張っている。そのたくましい腰が、なおさらジーンズで強調されてしまうのだ。

そんな女ばかり見ていた日本男児の目に、フリフリのワンピースを着た日本人女性が映ったとしたら、それはもう、闇夜《やみよ》に提灯《ちょうちん》、砂漠《さばく》のオアシス。

よって、海外で日本男児を射とめるためには、日本国内では恥ずかしくて着れないような、ロリータ系、あるいは、思いきってオミズ系のスタイルを選択すべきなのだ。

ただし、この策略は、リゾラバとまったく同じ心理効果を狙ったものなので、海外でつかまえた日本男児のカモが、成田空港で〝覚醒《かくせい》〟しないとはかぎらない。それだけは、覚悟しておかなくてはならないだろう。

はずれくじ「セックスレス」男を引かないために

「釣った魚にエサはやらない」ではないが、最近では、結婚後の「セックスレス男」が急増中である。

昔の人は、たくさんの子どもをつくった。明治生まれの世代で、五〜六人、大正生まれの世代で、二〜三人。昔の人にとって、家庭というのは子づくり子育ての基地にほかならず、セックスレス夫婦などは、ほとんど存在しなかったのだ。

ところが、少子化がきわまった平成の世では、夫婦のセックスは、ほとんどの場合、快楽のためだけになる。

よって、妻の肉体に関心をもたなくなった男は、おのずと「セックスレス男」になるわけだ。

「女は灰になるまで」というくらいだから、結婚後数年で性生活をクローズにされてしまった女性は、たまったものではない。

そんなことにならないためにも、結婚する前に、相手がセックスレスにならないかを見極めておきたいものだ。

性人類学者のキム・ミョンガン氏は、最近とみに、若い女性たちから、「セックスレス男の見分け方を教えてほしい」との投書を受けるようになったという。

そこで、ミョンガン氏は、彼女たちのために、つぎのような「見分け方」を発表している。

●他人の批判を受けると、簡単に傷つく。
●好かれているという確信がないかぎり、対人関係をもとうとしない。
●自分の親兄弟以外に信頼できる人間がいない。
●他人と深くかかわる活動や、コミュニケーションを避ける。
●恥をかくことを極度に嫌うため、人前では無口になる。
●赤面したり困惑《こんわく》したりするさまを他人に見せることを恐れる。
●臆病《おくびょう》なため、新しいことやいつもと

違ったことはやらない。

ミヨンガン氏によれば、このうちの四項目に該当《がいとう》する男は「セックスレス男」であると思って、まず間違いないという。

もっとも、このテストに正直に答える可能性は低いので、自分の目で観察したり周辺取材したりして、相手の傾向を洗いだす必要があるだろう。

ほとんどの男は、結婚するとガラリと変わる。結婚前にはフェミニスト風だった男が、旧《きゅう》態依然《たいいぜん》の亭主関白《ていしゅかんぱく》になる。結婚前にはなんでも買ってくれた男が、ドケチになる。結婚前には優しかった男が、暴力夫になる、など。

たとえば、女性の社会進出に共感するような言葉を吐《は》く男でも、「朝食には、やっぱりみそ汁だよね」といったら、亭主関白予備軍だと思っていい。

みそ汁は、インスタントスープやインスタントコーヒーよりも数段、手間がかかる。ちゃんとしたみそ汁を作るには、共働きであっても、夫よりも三〇分は早く起きなくてはならない。

さらに、朝のみそ汁を思い浮かべる男は、かならず、その横に焼き魚とおしんこを思い浮かべている。つまり、つねに旅館の朝食みたいなものをイメージしているのだ。

誰がそれをやるって？　彼のなかでは、それをやる人物は、当然のことのように、あなたと決まっているのである。

男を快感の海で泳がせる至高のベッド・テクニックとは

江戸時代、吉原《よしわら》といえば、日本最大の遊《ゆう》郭《かく》として知られた。そこには何百人もの遊《ゆう》女《じょ》がいたが、彼女たちのなかには、むろん「床上手《とこじょうず》」が少なくなかった。「床上手」とは、「セックスの技術に長《た》けた女」という意味だ。

まあ、遊女である以上、床上手なのも当然ではあるが、実際のところ、彼女たちのテクニックとは、どんなものだったのか？

ここでは井原西鶴《いはらさいかく》の『好色一代男《こうしょくいちだいおとこ》』に描かれた「野秋《のあき》」という遊女の技を紹介することにしよう。『好色一代男』の主人公・世之介《よのすけ》は、彼女のことを、つぎのように絶賛している（『江戸の恋』田中優子・集英社新書より）。

肌がうるわしく温かく、その最中は鼻息高く、髪が乱れてもかまわないくらい夢中になるので、枕がいつの間にかはずれてしまうほどで、目は青みがかり、脇の下は汗ばみ、腰が畳を離れて宙に浮き、足の指はかがみ、それが、けっしてわざとらしくない。

さらに、たびたび声をあげながら、男が達しようとするところを、九度も押さえつけ、どんな精力強靭《きょうじん》な男でも、乱れに乱れてしまうところだ。

そのうえ、そのあとで灯をともしてみる、その美しさ。別れるときに、「さらばや」という、その落ち着いた優しい声。いったいあの声はどこから出てくるのだろう……。

この世之介の賛辞《さんじ》を整理すると、「床上手な女」とは、以下のような条件を兼ねそなえた女ということになるだろうか。

●肌が美しく、温かい。
●セックスに没頭《ぼっとう》しつつも、体は敏感に反応。その乱れぶりが男を喜ばせる、みごとなパフォーマンスになっている。
●男をできるだけイカせないようにすることで、いつのまにかセックスの主導権を握っている。
●事後が美しい。
●しつこくとりすがったりせず、さっぱりと「さようなら」がいえる。

いかがだろう。「床上手」とは、セックスの技術に長けた女という意味だといったばかりだが、野秋のような女性を見ると、けっしてそれだけではないことがおわかりのはずだ。

たしかに、野秋の技は、どこか計算づくのようにも思える。しかし、彼女たちが仕事として、好きでも嫌いでもないフツーの男たちと一夜をともにしなければならなかった以上、いつもいつも夢中になれるはずもない。それではプロではないのだ。もちろん、だからといって、マグロのように床に寝ているだけでは、客は愛想《あいそ》をつかす。

そこで、彼女たちは、みずからを徐々に高め、〝半分マジ〟になった。そして、ときにちょっとわざとらしいほど身悶《みもだ》えして男を喜ばせたのだ。

これは、したたかなプロ意識と、自分をコントロールする能力があってこその技、いや人間性まで含めた〝芸〟といってもいい。おそらく、世之介も、野秋の性技だけでなく、そうした〝芸〟に拍手をしていたのではないか。

惚《ほ》れているかのように見せて、さらりと「さらばや」といえる女。いつの時代も、男は、そんな女の手練には喜んで翻弄《ほんろう》されたいと思っているのである。

男たちを吸い寄せるセクシーな女の条件とは

ファッション・メーカーとエステは、おたがいに手を組んで、女性の美意識を変えたのではないかと思うときがある。

なぜなら、ファッション・メーカーが、シェイプ・アップされたボディにしか着こなせない流行のブランド服を打ちだし、どうしてもその服を着たい女性が、月に数十万円もかかるエステに走るなんていうことがめずらしくないからだ。

一時は、ヤセていさえすればそれでいいというコンセプトが日本中にマンエンし、「どうせなら、病気じゃないの？　だいじょうぶ？　と聞かれるくらいにヤセてみたい」とマジメな顔でいう女性まであらわれたほどだ。

しかし、この点において、女と男のあいだには大きなミゾがあるといわざるをえない。

女性が「アタシは、モードな女よ、ステキでしょ」みたいな顔をしても、男としては、ベッドのなかでの体感を想像して、

「ちょっと細すぎて好みじゃないな」なんて思ったりもするのだから。

ここに、〝シェイプ・アップ命〟みたいな女性たちに、ぜひとも知っていただきたいデータがある。それは、世界中の男が共通して求める「女体の黄金比」に関する数値だ。

遺伝子学の統計によれば、その黄金比は「ヒップ一にたいしてウエスト〇・七」だという。古今東西、男たちは、この体型に健康と繁殖《はんしょく》のしるしをみいだしているのだ。

ヒップ一にたいしてウエスト〇・七ということは、ヒップ九五センチにたいしてウエスト六六・五センチ。このサイズは、ブランド服の標準サイズを大きく上回っている。

直木賞作家の篠田節子氏は、新聞コラムで『踊《おど》るマハラジャ』に主演したニーナの魅力を取り上げ、「あの丸みをおびた豊かなウエストは、ほんとうに素晴らしい。日本の女性は、どうして、あの魅力がわからないのか」といった一文を書いた。

また、カンヌ映画祭でグランプリを受賞した『パルプ・フィクション』では、ブルース・ウィルス演じるはぐれヤクザの恋人が、こんなセリフを吐く。

「わたしのおなかって、ぺしゃんこ。わたしは、もっと丸みをおびたステキなおなかになりたい」

さらに、「セクシーな女性」の代名詞であるジェニファー・ロペスだって、すこしふっくらめのお尻がキュートといわれているくらいだ。

このように、日本以外の世界では、女性自身が、男が理想とする「女体の黄金比」を本能的に十分意識しているのだ。

というわけで、日本のヤセ願望の強い女性も、むりなダイエットは即刻やめて、ヒップ一にたいして〇・七の健全なウエストをつくってはいかがだろうか。

もしあなたが、すでにその比率であるならば、そのままの体型を維持することをおすすめしたい。

7

—まわりを手なずけるワルの知恵—

人気を独り占めできる巧妙すぎる「自己演出」術

自分をデキる人に見せる「バーナム効果」とは

小学校や中学校で教わった先生のことを、いまでもなつかしく思う人は少なくないだろう。とくにひいきにされた記憶がなくても、なぜか子どものころに教わった先生には親しみを感じ続けるものだ。

それは、その先生の人柄や熱意のせいでもあるが、心理学でいう「バーナム効果」が働いているとも考えられる。

たとえば、「きみは親切だね」「あなたは、いつもおてんばだけど、奥ゆかしいところもあるわ」などと先生にほめてもらうと、生徒はそのことをよく覚えているものだ。すると、子ども心に「自分のことをよく知ってくれている、いい先生」と思い込む。それが、長年にわたる好感情につながっていくのだ。

たしかに先生は教育者だから、実際に子どもの性格や素質を見抜いていたのかもしれない。だが、案外、当てずっぽうをいっていないともかぎらないだろう。そんな当てずっぽうでも、子どもは「当たっている」と思ってしまう。そして、さすがは先生と思ってしまうのだ。

人は、自分について漠然《ばくぜん》としたことをいわれたときほど、それを当たっていると思う傾向がある。そして、言い当てた人を、洞察力《どうさつりょく》の優れた人と思ってしまうのである。これが「バーナム効果」とよばれるものである。

このバーナム効果のミソは、漠然とした表現をするところにある。漠然とした表現だからこそ、そのカバーする範囲は広い。そのなかですこしでもかすっている部分があれば、人は言葉全体が当たっていると感じるのだ。

　たとえば「きみは感性が優れている」といえば、相手は「うん、じつはそうなのだ」となる。「感性が優れている」といっても、具体的には何がどうなのかよくわからない。しかし、いわれた本人は勝手に解釈する。「自分のなかの詩心を見抜かれた」などと、思ってしまうわけだ。そして、「そこまで見抜くとは、凄《すご》い人」となる。

　逆に、具体的な言葉を使うと、ウソがすぐにバレてしまう。音痴《おんち》な人に「きみには音楽的才能がある」といっても、的《まと》はずれなことをいういいかげんな人と思われるだけだ。

　このバーナム効果をたくみに利用して商売をしているのが、占い師たちである。占い師の言葉には、とにかく漠然としたもの

が多い。「人にいえない悩みを抱《かか》えていますね」といわれると、たしかに悩みがあるなと思ってしまう。そのペースにしだいに巻き込まれて、やがて、よく当たる占い師だと信じ込んでしまうのだ。

もちろん、占い師だけではなく、ふつうの人でも、このバーナム効果を利用できる。

人から頭のいい人と思ってもらいたいときは、もっともらしいことを、できるだけあいまいな表現で語ればいい。女性から頭のいい人に思われたいなら、会ったとき、「今日は、ほんのすこしいいことがあったでしょ」とでもいえばいい。

「ほんのすこしいいこと」というのは漠然としたものだから、相手の女性は勝手に「ああ、朝の急行電車で座れたこと」などと思う。そこから、「自分のことをよく見抜いてくれる頭のいい人」と、相手は思いはじめるわけである。

好感度をアップさせる言葉のトリック

旅行から帰って、友人におみやげをもっていくとする。たとえば、山陰地方を回って、シジミを買ってきたとしよう。これを「島根のおみやげです」と渡しても、東京の人はピンとこない。「島根といったら、鳥取の西だったっけ、東だったっけ」ということになる。それでは、おみやげをあげる効果はいま一つ上がらない。

ところが、「これは、宍道湖《しんじこ》のシジミです」といえば、話は違ってくる。宍道湖のシジミは全国的に有名であり、おいしいことで知られている。すると、相手はもらったおみやげをありがたいものに感じるだけでなく、おみやげをくれた人に好感を抱《いだ》くようになる。

同じおみやげでも、添《そ》える言葉を変えることで、受けとる側のイメージはそうとう違ったものになる。もちろん、これはおみやげにかぎった話ではなく、すべての言葉に通じる話だ。

相手の気を引きつけようというときは、相手がいいイメージを抱くような表現を工夫することだ。内容は変わらなくても、表現を変えるだけで、印象はガラリと変わったものになる。

このことは、アメリカの心理学者D・カーネマンとA・トヴェルスキの実験でも証明されている。

被験者に「もしも、あなたが大統領だったら、どちらの方法を選びますか」とたずねる実験である。問いは、ある場所で伝染病がはやり、六〇〇人が死亡するという可能性のある事態になったとき、AとBどちらの救済プログラムを選ぶかというものである。

プログラムAは、「二〇〇人の命が救われる」というもの。いっぽう、プログラムBは、「六〇〇人全員が助かる可能性は三分の一だが、誰も助からない可能性は三分の二ある」というものだ。この問いに被験者たちの七割以上は、プログラムAを選択した。

設問はもう一つあって、同じプログラムを別の言い方で表現した。プログラムAの場合は、「四〇〇人が死ぬ」とする。プログラムBの場合は、「誰も死なない可能性は三分の一だが、六〇〇人が死ぬ可能性は三分の二」とする。

　すると今度は、被験者たちの七割はプログラムBを選択したのだ。

　もちろん、二つの設問は、まったく同じことをたずねている。「二〇〇人が救われる」と「四〇〇人が死ぬ」は、全体が六〇〇人だから、同じ意味になる。しかし、人の判断は、言葉の表現によって、大きくぶれるわけだ。

　こういう言葉によるトリックは、ビジネス交渉など、日常の場でもさまざまに応用できる。

　たとえば、納期をあと二日ほど延ばす交渉をするときだ。その日が金曜日なら、「納期を日曜日いっぱいにしてもらえませんか」と切りだすといいだろう。「二日後」を「日曜日いっぱい」と言い換えたにすぎないが、「日曜日いっぱい」といえば、土日の休日をつぶしてがんばるというアピールが含まれる。そのぶん、相手は「わかった」となりやすいだろう。さらに、「休みなのに、よくやってもらった」と、感謝されることだってあるかもしれない。

「熟知性の原則」で相手をたちまち手なずけるコツ

地方の政治家や役人は、東京の官庁をよく陳情《ちんじょう》に訪れる。電子メールの時代にわざわざ上京するのは、お金も時間もムダのような気もするが、彼らの目論見《もくろみ》からすると、あながちそうともいいきれない。

中央官庁の役人に面会してお願いすれば、そこには心理学でいう「熟知性の原則」が働く可能性があるからだ。俗に「ブスも三日で慣れる」というが、人は会えば会うほどに、相手に親しみをもつようになるものなのだ。

中央の役人たちにしても、地方の市長や町長らと、何度も顔を合わせ、頭を下げられているうち、そこに親近感を感じはじめる。そこが、一円でも多く補助金を手に入れたい地方のボスにとっては、大きなつけ目となるのである。

この熟知性の原則を働かせるためには、とにかくこまめに足を運ぶのがいちばんだが、そこには裏ワザもある。あまり相手と面と向かって会ってはいなくても、さも相手をよく知っているかのようにふるまうのだ。

たとえば、ビジネスの場なら「先日も、社内であなたの話が出ていたところでしてね」といっておく。本当は、そんな話を社内でしていなくてもかまわない。そういわれると、相手は自分のことをよく知ってもらっているような気になる。そうなれば、熟知性の原則が働きはじめるのである。

　人は、自分のことをよく知っていてくれる人間には弱い。「士は自分を知る者のために死す」というほど大げさでなくても、人は自分を熟知してくれる人間には好意を抱く傾向がある。つい、その言葉を信じ、相手に好意をもつのである。

　これは、初対面の人相手にでも使える心理術だ。たとえば、ウマが合うようなら、「あなたとは初対面の気がしませんね」といってみる。すると、相手は自分のことをよく知ってもらっているかのような錯覚を覚え、好意を抱くようになるのだ。

　ようは、「あなたのことをよく知っています」というポーズをとることだ。それは、きちんと調べたものでなくともかまわない。親しげに話しかけ、長年のつきあいのようなうちとけた表情をつくればいい。自分のことをよく知っているというポーズに、人はコロリとやられるのである。

第一印象のアピールは「最初の一言」で決まる

何事も最初が肝心《かんじん》だ。人に好印象を抱かせるため、とくに肝心なのは、最初のひと言である。会話の最初の言葉によって、相手は好意を抱いたり反感をもったりする。

　最初のひと言は、まったく予備知識のないところに入ってくる情報といえる。その情報から、人はできるだけ多くのことを読みとろうとするのだ。さらに、その情報は、一種の先入観となって残る。

たとえば、最初に「私は借金に追われる情けない男でして……」といったのでは、相手は親しくなりたいとは思ってくれないだろう。自分では冗談《じょうだん》のつもりでも、何も下地のないところに、「金がない」というメッセージが入ってきたのだから、相手は貧乏《びんぼう》で情けない男と思うだけのことだ。

最初の印象がいかに大切であるかは、心理実験でも明らかになっている。アメリカのアッシュとケリーが大学での講義を舞台にして行なったものである。その講義には新しい教師がくることになっていて、前もって学生に新しい教師の略歴が配られた。

そのプリントの内容はこうである。

「ブランク氏はマサチューセッツ工科大学の社会科学部の卒業生である。彼は、ほかの大学で三学期間、心理学を教えた経験があるが、この大学で講義をするのははじめてである。彼は二六歳、結婚している。彼を知る人は、どちらかというと、温かくて、勤勉で、批判力に優れ、実際的で決断力があるといっている」

このプリントを学生に配るとき、半数の学生に一か所だけ内容を変えたものを配った。「温かくて、勤勉で」というところを「冷たくて、勤勉で」としたのである。

このプリントを読んだ学生たちの、新しい教師にたいする評価を調べると、「温かくて」と「冷たくて」では、結果はまったく違ったものになった。

「温かくて」というプリントを読んだ学生は、新しい教師にたいして好意を感じ、いっぽう、「冷たくて」というプリントを読んだ学生は、好意的な評価をしなかったのである。学生たちは、その新しい教師を直接見たわけではない。彼について書かれたプリントを読んだだけで、それが強い第一印象となったのである。

この実験からも、人間関係では、最初がいかに重要かがわかるだろう。人に好意をもたれたかったら、最初のひと言にはとくに気を配ることである。

ニコニコとほほえみ、「お会いできて光栄です」くらいのお世辞《せじ》は、すんなりいえるようにしたい。

初対面の「演出」で自分のイメージを植えつけよ

初対面のときの第一印象はのちのちまで大きな影響を与えるものだ。はじめて会ったとき、たまたま徹夜明けで垢《あか》じみた格好をしていたら、「あいつは、だらしのない男」という印象を植えつけることになる。

一度、「だらしのない男」と思い込まれると、その後、会うたびに「だらしがない」という目で見られることになる。たとえ、きちんとした格好をしていても、「今日はたまたま、まともな格好をしている」と思われ、「まともな格好をしていても、どこかだらしがない」という目で、あら探しをされることになりかねない。

このように、人は、最初に受けとった情報にのちのちまで影響される傾向がある。これを心理学では「初頭効果」とよぶが、逆にいうと、第一印象をうまく演出できれば、相手の抱くイメージを都合よく誘導することもできる。

たとえば、時間にルーズでしょっちゅう遅れる人でも、初対面のときだけは、かならず約束の三〇分前に行くようにする。こうして「時間に厳しい人間」という第一印象を与えておけば、その後、約束の時間に遅れても、「のっぴきならない事情があったのだろう」と、相手は勝手に判断してくれる。

初対面の人に会うときには、「どう見られると好意的に思われるか」をまず考え、そういう自分を演出する。そうすることで、相手にポジティブな第一印象を与えることができるのだ。

相手の「大事な人」を気にかけ、好感を引きだせ

人に好意を抱かせる有効な方法として、〝身内〟を使うテクニックがある。たとえば、売れなくなった芸能人が、子育てや親の介護《かいご》体験をワイドショーで語り、ふたた

び人気をとりもどすのがそうである。

自分にはこんな子どもがいる、こんな親がいると語ることで、視聴者をその芸能人と親しくなったような気持ちにさせるのだ。その親近感が「また見たい、話を聞きたい」という気持ちにさせ、人気の復活へと結びつくわけだ。

プライバシーを公開すると人気を得やすいのは、芸能人にかぎらない。たとえば、政治家の場合でも、政策を語るよりも、プライバシーを語ったほうが、得票は増える傾向がある。

以下は、アメリカのラジオ番組が行なった実験で、三人の候補者をつぎの三パターンで紹介するというもの。

一人目は、学歴や政治家としての人となりをくわしく紹介し、政治家としての資質にいかに恵まれているかを語る。二人目はこれまでの政治歴や、その実績を紹介する。三人目はプライベートな話を中心にし、彼が自分の子どもを大切にして、毎朝犬の散歩をするといったことを紹介する。

その後、番組のリスナーに三人のうち一人に投票してもらったところ、三人目の候補者の得票数が圧倒的に多かったのだ。ようするに、その政治家がどんな政策や政治信条をもっているかよりも、家族のことや趣味をオープンにしたほうが、有権者から親しみや共感を得やすいということだ。

相手から好感を得るためには、自分の身内の話をするのが効果的なわけだが、これは逆の方法も通用する。相手の身内など、相手が大切に思っている人を話題にすることで、相手から好感を引きだすこともできるのだ。たとえば、親しくなりたい相手に物を贈るとき、「これ、お父さんにどうぞ」といってみる。すると、相手は自分にプレゼントされたときより、さらに好意を抱きやすくなる。自分だけでなく、身内にまで気を配ってくれることで、心理的距離がさらに近づくためだ。

好意をもっている女性が郷里《きょうり》から帰ってきたとき、「お父さんやお母さん、元気だった？」と聞くだけでも、彼女の気持ちをこちらに向かせやすくなるだろう。

人気を独り占めできる巧妙すぎる「自己演出」術

自分ではがんばっているつもりなのに、周囲の人から好かれない人がいるものだ。仕事も優秀、上司や先輩のいうこともよく聞く、後輩の面倒見もいい。にもかかわらず、他人からあまり好意をもたれない。

本人としては不本意だろうが、そこにはそれなりの理由があるものだ。それは、つぎの心理実験を見れば、よくわかる。

男女の学生に、フットボール選手四人のビデオテープを見せ、誰がもっとも魅力的で、友達になりたいかをたずねる。四人の選手のうち、二人は実力派のプレーヤーで、二人は平凡なプレーヤーである。四人の実力は、ビデオを見ればわかるように編集されている。

プレーシーンが終わると、四人の選手がそれぞれ自分のことを語るシーンになる。このとき、ちょっとした細工《さいく》を行ない、実力派のプレーヤーと平凡なプレーヤーが一人ずつ、コーヒーをこぼすシーンを入れるのだ。

ここまでのテープを見せたあと、被験者に、どのプレーヤーにもっとも好感をもったかをたずねた。すると、四人のうちもっとも好かれたのは、コーヒーをこぼした優秀なプレーヤーだった。逆に、もっとも好かれなかったのは、コーヒーをこぼした平凡なプレーヤーである。

つまり、人は、優秀な人間がちょっとしたドジをしたとき、その人に大きな親しみや好意を抱く。いっぽう、ただ優秀なだけの人間は、おもしろみや人間味に欠けると思われ、人気者にはなりにくいのである。

だから、優秀なのにあまり人から好かれない人は、あえてドジな自分を演出してみせればいい。

たとえば、たまに忘れ物をして同僚に借りてみる。いつもスキのない、おもしろみのない人間ではないとアピールすれば、他人から好意的な感情を引きだすことができるというわけだ。

好かれたい人には思いきって頼ってみせよ

仕事に追われている同僚に頼まれて、残業を手伝った。財布を落とした友人に頼まれ、給料日までお金を貸した――知り合いが困っているとき、その頼みを聞けば、ふつうは相手から感謝される。相手の好意を得たいとき、その願いごとを聞いてあげるのは、いうまでもないことだろう。

では逆に、相手に頼みごとをしたとき、相手は「面倒だ」と思い、不快になるかというと、これが案外そうでもない。頼まれた人は、頼んできた人にたいして好感を抱く場合が少なくないのだ。

これは、ジェッカーとランディの実験によって、わかったことである。ジェッカーとランディは、大学で被験者を集めて、彼らが恩恵を与えた人間にたいし、どのような感情を抱くかを調査した。

まず、被験者には、学習に関する実験を行なうという名目《めいもく》で集まってもらう。問題に答え、それが合っていれば、お金をもらえるという実験である。実際には、正解する回数は実験者がコントロールしており、被験者は最終的に六〇セントか三ドルかのいずれかがもらえるようになっている。

試験が終わると、被験者は正解数に応じて、六〇セントか三ドルを受けとる。そしてここから先、被験者にたいして三つのパターンを用意するのだ。

①実験者が「いま渡したお金を返してほしい」と頼む。じつは、この実験は自費で

行なっているので、本当に渡すと研究費用がなくなってしまう。そこで「できれば返してもらえないか」と頼む。

②実験者ではなく、大学の事務員が「お金を返してほしい」と頼む。大学の研究資金が不足しているので、できれば返してほしいというわけだ。

③何も頼まず、お金を渡したままにしておく。

その後、被験者は実験者にたいする好感度をたずねられる。結果は、実験者からお金を返してほしいといわれた被験者たちが、実験者にもっとも好意を抱いていた。しかも、六〇セント受けとった人よりも、三ドル受けとった人のほうが、より強い好意を抱いていたのだ。

人に親切にすると気持ちいいというのは、誰しも経験があるはずだ。また、困っている様子を聞かされたり、人から頼られると、「そんなに信頼されているのか」と優越感をくすぐられるものだ。その満足感が、相手への好意につながるのである。

だから誰かと親しくなりたいときには、ちょっとした頼みごとをしてみればいい。何かで困っているそぶりを見せ、助けてもらう。相手にそうしてもらったことで自分への好意が高まる可能性は高いのである。

「ボディゾーン」をつかんで相手の心に入り込め

たとえば、書店で本のありかを店員に聞くとき、カウンター内にいる店員とフロアにいる店員とでは、どちらに声をかけやすいだろうか。どちらもそれほど忙しそうでない場合、たいていの人はフロアの店員に声をかけるはずだ。

これはカウンター内にいる人より、フロアにいる人のほうが、近づいて話をしやすいためである。

人は、遠い距離にいる人よりも、近い距離にいる人にたいして、親しみを抱きやすい。本を探すような場合でも、より近い距離で話せるフロアの店員のほうが頼みやすいというわけだ。

この現実的な距離と心理的距離の関係は、頼む側だけでなく、頼まれる側の心理にも影響を与える。

このことは、つぎの実験によっても確かめられている。一メートルほど離れて頼んだ場合と、四〇センチで頼んだ場合で、返答にどのような違いが出るかを調べたのだ。

ケースは四通りあり、①一メートル程度で熱心に頼む場合、②一メートル程度でふつうに頼む場合、③四〇センチ程度で熱心に頼む場合、④四〇センチ程度でふつうに頼む場合である。

この四つの方法で知らない人に頼みごとをすると、結果は四〇センチ程度で熱心に頼んだときがもっともOKを得られる確率が高かった。逆に、熱心に頼んでも距離が遠い場合は、あまりOKが得られなかった。

これは人間がもっているボディゾーンと関係があると考えられる。人はそれぞれボディゾーンをもっていて、それは一般に一二〇センチ以内である。さほど親しくない相手と話す場合、このゾーンよりなかには入らないのがふつうだ。逆に、親しい関係では、ボディゾーンのなかに入って話す場合が多くなる。

いっぽう、親しくない人がボディゾーンを越えて近づいてくると、ふつうはボディゾーンを侵《おか》されたことで警戒心を抱く。ただし、このとき、相手が友好的な態度で接してくると、それは親近感へと変わりやすくなる。そのため、初対面の人に頼まれた場合でも、近くの距離から熱心に頼まれると、OKしやすくなるのである。

駅前でティッシュ配りをするときも、相手のすぐ近くまで寄って、笑顔で「お願いします」といったほうが、受けとってもらいやすいだろう。これも、こうした心理によるものだ。

頼みごとをするときは、ちょうどよいと思う距離から、さらに一歩ぶんくらい近づく。それが、頼みごとをOKさせるには効果的だ。

「握手」をこう使えば仲間がどんどん増える

選挙演説を聞きにいくと、候補者から握《あく》手《しゅ》を求められることがある。候補者には、毎日何百人と握手をするため、手が赤く腫《は》れあがる人もいるという。

候補者が握手にこだわるのは、選挙では「握手した数と得票が比例する」という法則があるからで、これは心理学的に見ても納得のいく話である。握手には、親近感を高める効果があるからだ。

たとえば、こんな実験がある。被験者を初対面の人に会わせ、相手にたいする印象を聞くというもので、会うときのシチュエーションには、つぎの三パターンが用意された。

①目隠しをして話をし、握手はしない。

②目隠しをせずに会うが、話も握手もしない。

③目隠しをして握手をするが、話はしない。

以上の方法で会わせ、別れてから相手の印象をたずねる。被験者の答えは、シチュエーションによって大きく異なり、①は「冷たい」「距離を感じる」「形式的」、②では「横柄《おうへい》」という感想をもった人が多かった。

ところが、③では話をしなかったのに、「温かい」「信頼できる」「優しそう」といった感想が多かったのだ。

ようするに、顔を見たり、話したりするよりも、握手をした人にたいしてプラスの印象を受けた人が多かったのである。

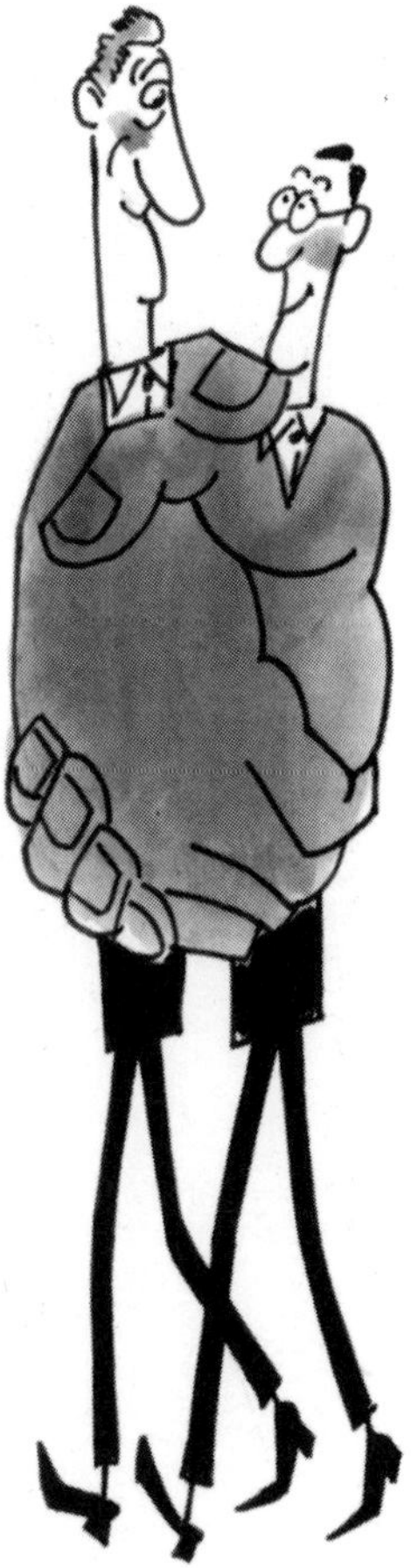

さらに、「また会いたいか」という質問には、三つ目のパターンでは半数近くの人が「また会いたい」と答えた。それくらい、握手をかわした人にたいして、人は親しみを感じ、好印象を受けやすいのである。

これは、相手の体と直接触れ合うことで、警戒心がやわらぎ、相手の人となりがなんとなくわかったような気分になるためと考えられる。

とくに、しっかり手を握ると、人とまじめに向き合おうとする、誠実な人という印象を与えやすくなる。

日本では、ふだんあいさつで握手をすることが少ないぶん、握手が相手に与える印象はより強くなる。

いきなりの握手は違和感をともなうかもしれないが、ある程度打ち解けると、別れぎわに握手を求めるだけで、「また会いたい」という気持ちを抱いてもらいやすくなるはずだ。

異性への心のガードが解けるシチュエーションとは

会社や地域の親睦会《しんぼくかい》などで、泊まりがけのキャンプをすることがある。行く前は面倒に思っていても、行ってみるとけっこう楽しく、メンバー同士の親近感が深まったりするものだ。これは、みんなで食事を作ったり、遊んだりといった共同作業をすることも影響しているが、もう一つ、暗闇《くらやみ》のなかでいっしょに過ごすという体験とも関係がありそうだ。

暗闇のなかで一定の時間をともに過ごし

た者同士は、たがいに親近感を抱きやすい傾向がある。これは、つぎのような実験で証明されている。

アメリカのガーゲンが行なったもので、三メートル×三・六メートルという狭い部屋を用意し、ここに男三人、女三人のグループ、あるいは男四人、女四人のグループに入ってもらい、彼らを一時間閉じ込めた。

このときに使った部屋は、明るい部屋と暗い部屋の二種類があり、部屋の明るさによって、閉じ込められた男女の行動にどのような違いが出るかを観察した。

結果は、暗い部屋に閉じ込められた男女のほうが、はるかに親密度の高い行動をとったのだ。

明るい部屋に閉じ込められた男女は、おたがい離れた場所に座ったままで、会話の内容も距離のあるものだった。

ところが、暗い部屋に閉じ込められた男女は、最初は離れたところに座り、同性同士で話していたが、時間がたつにつれ、様子が変わりはじめた。会話は減り、異性同士がたがいに近い場所に座るようになったのだ。やがて、異性同士で体を接触させ、相手に抱きつく人さえ出てきた。

暗闇のなかでは、相手がいまどんな表情をしているのかわからない。そのことが心理的なガードをゆるめ、相手にたいする親近感をアップさせたと考えられる。

つまり、相手の警戒心を解き、より親しくなりたい場合は、表情がわかりにくい、暗い場所へいっしょに行くのが効果的なのだ。同じ飲むにしても、明るい居酒屋よりは、照明の暗いバーやスナックに行く。明るい場所で話をするより、グンと心理的距離が近づくはずである。

しぐさを真似するだけで好感度をアップできる

同僚が集まって飲み、話題が上司の悪口となったとき、誰かが上司の口まねをはじめたりするものだ。上司の口ぶりなどをまねて、盛りあがるという話である。

ふつう、こういう物まねは、本人の前ではしないものだが、本人の目の前でると怒りを買うかというと、そうとばかりはいえないところがある。

もちろん、相手をバカにするような下品な物まねでは怒りを買うだろう。しかし、悪意のない物まねなら、意外に本人に好意をもたれることもあるのだ。

たとえば、こんな実験がある。

初対面の二人（一人はサクラ）に、しばらく話をしてもらう。このとき、サクラの行動は二パターンあって、①相手の動きをまねながら話す、②何もせず、ふつうに話す――というものだ。

このあと、被験者に話し合いについての感想をたずねると、まねされた被験者は、自分がまねされていたことに気づいていなかったのに、まねされていない被験者よりも、相手にたいしてずっと好意的な印象をもっていた。

さらに、まねされた被験者は、自分が相手に抱いている好感度より、相手が自分に抱いている好感度のほうが高いと思っていたのだ。

つまり、まねされた被験者は、相手にたいして好印象をもつと同時に、相手からひじょうに好かれていると感じるのである。

ここから、人のまねをすると、相手によい印象をもたれることがわかる。もともと人は、自分に似た者に好意を抱きやすい傾向がある。そのこともあって、自分と似たような動きをする人がいると、なんとなく親しみを感じるのだ。

また、相手が自分と同じ動きをしていることに気づいた場合は、自分が相手に影響を与えていると感じる。注目されたり、慕《した》われていると感じ、これもまた相手への好印象につながりやすいのだ。

気に入られたい上司がいたら、手ぶりやちょっとした口ぐせをまねてみる。座り方や書類の書き方をまねしてもいいだろう。そうするうちに上司は、自分とよく似た部下を好意的な目で見るようになってくるはずである。

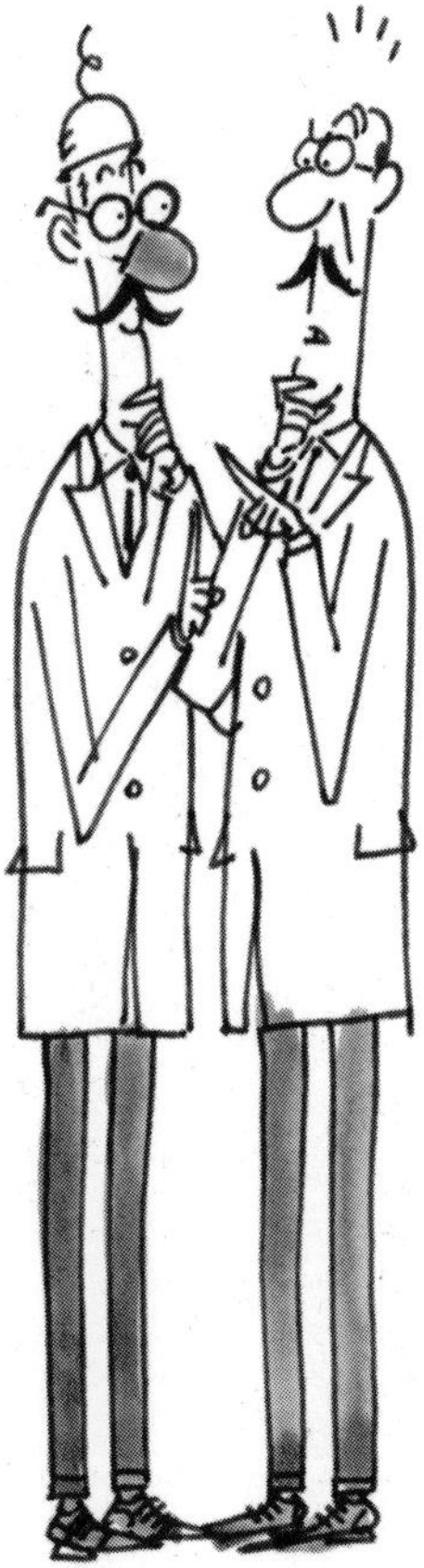

「小さな共通点」で気を引いて心をつかめ

日本人が親近感をもつ国には、一定の法則がある。日本国と共通点がある国に好感を抱く傾向が強いのだ。たとえば、英国には同じ島国として親近感を覚え、ドイツには同じ敗戦国として、また勤勉な国民性という点で、親近感を覚えている。

これは、人間関係でも同じことで、人は相手と自分のあいだに何かしらの共通点を見いだすと、そこから相手への好意をもちはじめる。裏を返すと、人間はそれほどに孤立することが恐ろしいのである。孤立したくないから、誰かと仲間でいたい。そのために、共通点を探そうとするのだ。

この人間心理を利用すれば、相手に好感を抱かせるのはそうむずかしくはない。自分と相手との共通点を強調すればいいのだ。それは、小さなことでもかまわない。それが、大きなものであるかのように見せかければ、相手は好意を寄せてくる。

もっとも簡単な方法は、出身地や出身校を利用するものだ。同じ県の出身や学校が同じというだけで、初対面同士でも妙に打ち解けることがある。これは、共通点があるところから、仲間意識が生まれるためだ。

とりあえず、共通点が見当たらないときは、同じ行動をするだけでもいい。それでも、立派な共通点になる。

たとえば、何人かで食事に行ったとき、好意を得たい相手と同じ飲み物や料理をオーダーする。すると、相手は自分と共通の品を注文することに「おや」と思う。「きみも、〇〇が好きなんだね」と聞いてくる人もいるかもしれない。それが、好意を引き寄せるきっかけとなるのである。

自分に似た人間に気を許す心理を逆手にとるには

「似た者夫婦」という言葉があるが、たしかに性格や趣味・嗜好《しこう》が似ている夫婦は多いものだ。そろってゴルフに熱中したり、毎晩、そろって晩酌《ばんしゃく》を楽しむ夫婦は少なくない。むろん、こういう夫婦はたいていてい仲がいい。

男女のあいだにかぎらず、近所に住む人でも、同じ職種の人だったり、趣味が同じ場合、相手にたいする親近感を覚えやすくなる。自分と似ている人に好感や親近感をもった経験は、多くの人にあるはずだ。

この傾向については、アメリカのフェスティンガーらが、大学生寮《りょう》に住む学生たちを対象にして、つぎのような調査を行なっている。

まず、新しく寮に入る男子学生一七人を対象に、各自の政治観や宗教、生活態度などについて質問する。その後、学生たちが寮生活をはじめてから、彼らの交遊関係がどのようにつくられていくかを調べたのだ。

その調査は半年間にわたって行なわれたが、そこからは二つの傾向を見ることができた。最初のうちは、自分と近くの部屋の人と仲よくなる傾向が強かった。それが、時間がたつにつれて、考え方や生活パターンが似ている者同士が、親しくなっていったのだ。

つまり、相手がどんな人間かわからないうちは、接触機会が多い人と親しくなりやすい。しかし、時間がたつうちに、自分とよく似た人間と親しくなりやすいのだ。

逆にいうと、相手に好感をもたれようと思えば、相手と自分との類似点を探し、そこを強調するといい。

たとえば、年齢が同じとわかれば、同年齢同士ならではの話題で盛りあがれば、相手との心理的距離は縮まっていく。郷里が近いというだけでも、方言や帰省時の話など、共通の話題を見つけやすい。何でもいいから、とにかく類似点を探すのが、相手から好感を得るための重要ポイントになるのだ。

この類似性を強調するやり方は、日常的な場面でも使える。たとえば同僚が何か失敗したときは、自分の過去の失敗の話をしてやればいい。「じつはぼくも、昔、似たような失敗をしたことがあって……」と話せば、相手は心を開きやすくなるだろう。

また、部下が何か悩んでいるとき、「何でも話してみろ」というだけでは、部下の口を開かせるのはむずかしい。それよりも、「オレにも、こんな悩みがあるんだ」と自分の悩みを話せば、部下は「課長も自分と同じように悩んでいるんだ」と類似点があることに気づき、親近感を覚えて、悩みを打ち明けやすくなるのである。

8

——しぐさから心を見透かすワルの知恵——

この「話し方のクセ」で相手の思惑が丸わかり

座る席の位置から人間関係をウラ読みする方法

職場近くの喫茶店に行くと、同僚や上司が一人で食事をしたり、休憩《きゅうけい》していることがある。そのとき、どんな席に座っているかで、相手の性格をある程度知ることができる。

たとえば、壁の近くの椅子に座っている人や、ドアを背にして座っている人は、他人とのかかわりを嫌う傾向が強い。なるべく一人でいたいと思っているわけなので、こういう相手は見かけても声をかけないほうが賢明といえる。

通路側の椅子に座っている人も、相席になるのを嫌っているわけで、なるべく一人でいたいという欲求のあらわれと見ていい。

友人や彼女と喫茶店に入ったときは、相手がどの席を選ぶかで、性格や自分にたいする気持ちを見抜くことができる。

クックの調査によると、パブに入ってテーブルに着くとき、ふつうの友人関係では角をはさんで、九〇度の位置に座ることが多い。同性の友人同士で七〇％、異性の友人なら六三％がこの位置で座るという。この位置が飲みながら話すのに、ちょうどいいからだろう。

それが、さらに親しい関係になると、八二％が並んで座るようになる。話しやすさよりも、相手と近くにいることを望むのである。パブに入ったとき、角に近い席に座ってみて、相手が横に並ぶか角をはさんで座るかで、自分にたいする親密度を計《はか》ることができるわけだ。

また、大人数のときは、嫌いな人間同士は、おたがいもっとも離れた位置に座る傾向が強いことがわかっている。

もっとも、これらはパブのような飲むことが主体の店の場合の話で、レストランでは親しい関係でも向かい合って座るケースが多くなる。

会議の出席者の心の内を見透かすポイント

会議で、自分の意見を通すためには、事前の準備が大切だ。書類を用意したり、出席者のメンバーをよく調べておく必要がある。加えて注目したいのは、出席メンバーがどの席に座るかである。座る位置によって、出席者がその会議にどのような気持ちや態度でのぞんでいるかが見えてくるからだ。

たとえば、過去に意見が真っ向から対立した相手が、自分の正面の席に座ったときは、今回も相手は自分と対決するつもりできていると見ていい。また、初対面の人でも、正面の席に座った人は、自分の意見に反論してくる可能性が高い。

一般に、向かい合って座った人同士は、対立関係になりやすいのである。

これはアメリカの心理学者スティンザー

が明らかにしたもので「スティンザー効果」とよばれている。

スティンザーは、ほかにも議長のリーダーシップと出席者の関係などについて、以下のように報告している。

会議の席で、出席者が正面の人とよく話をする場合は、議長のリーダーシップは認められている。

いっぽう、出席者が隣の人と話をするときは、議長の力量はあまり評価されていないという。自分が議長のとき、隣同士でひそひそ話がはじまったりしたら、自分はリーダーとして高く評価されていないと思ったほうがよさそうだ。

また、丸いテーブルを使って行なわれる会議は、なごやかな雰囲気《ふんいき》で進行しやすくなる。会場に丸いテーブルが用意されていたら、アットホームなムードのなか、忌憚《きたん》のない意見が出てくる可能性が高いと見ていい。

この「話し方のクセ」で相手の思惑が丸わかり

言葉は、人に意思や情報を伝える手段だ。ただし、その言葉がいつも事実を述べているとはかぎらない。

子どもが好きな子に「好き」といえず、

「バーカ」と悪口をいうのも一例である。ときには、言葉の内容以上に、話すスピードや抑揚《よくよう》のほうが、相手の心情や心理状態を如実《にょじつ》に物語ることもある。

たとえば、話の終わりをいつも「〜です」「間違いありません」と断定口調で話す人は、いっけん、自分の意見に自信をもっているように見える。だが、現実には、その逆の場合が多く、自分の主張に不安を感じていて、自分の言葉に自信がないからこそ、相手を力で説得しようと断定的な言い方になるのだ。

また、いったん話し終わったあと、いまいったことをもう一度くり返して話す人には、完全主義者タイプが多い。「明日の集合は三時です。午後の三時ですから」などと確認しないと、自分の情報がちゃんと伝わっていないのではないかと不安になるのである。

いままでふつうに話していた人が、言葉数が少なくなるのは、急に警戒心を抱いたからと見ていい。こちらの言葉から、何かしら警戒すべきものを感じたか、あるいは自分の秘密を隠《かく》すため、無口になるのである。

逆に、急に早口になるのは、緊張している証拠だ。緊張が焦《あせ》りとなり、それが話すスピードにあらわれるのである。

ふだんからペラペラと饒舌《じょうぜつ》に話す人は、自己顕示欲《じこけんじよく》の強い人といえる。相手と楽しく会話をしたいという以上に、相手の注目を集めるために人と会話するというタイプだ。

そのなかでも、知っている人だけでな

く、誰かれかまわず話すのは、防衛本能の強い人といえる。こういう人は社交的だから人と話したいのではなく、相手から攻撃されるのが怖いから、自分からペラペラしゃべって攻撃をかわそうとしているのである。

また、男性で下ネタを話したがる人は、いっけん、性的な自信がある人のように見えるが、真相はその逆であることが多い。むしろ、不能への深い恐怖を抱いているケースが多いのだ。

人は本来、自分にとって楽しいことに関してては、あまり冗談をいわない傾向がある。ジョークを口にするのは、そのテーマをめぐる恐怖と苦悩がともなっていることが多く、それから逃避するため、あえてジョークを口にするのである。

下ネタにかぎらず、ふだん、だじゃれや冗談ばかりいっている人は、満たされない欲求をもち、不安や恐怖を抱いていることが多い。

話の冒頭《ぼうとう》に「あの」をつける人がいるが、これは相手の抵抗をなくし、自分に同調させようという気持ちが含まれている。「あの」にかぎらず、言葉の最初の口ぐせには、その人の欲求や不満、本音が無意識のうちにあらわれることが多い。そこに注意すると、相手の心理状態をつかみやすくなる。

目に注目して心理を見抜く法

目は、顔のなかでもっともよく動き、心理状態があらわれやすい場所である。

「神経言語学的プログラミング」とよばれる心理療法では、目の動きを、患者が何を考えているかを探る手がかりに使う。そのテクニックを応用すれば、目の動きから、相手がどんな性格でいま何を考えているかを、ある程度知ることができるのだ。

たとえば、相手の目が上向きに動いたときだ。そのとき、相手は、風景や人の顔など、過去に見たことがあるものを思い出している可能性が高い。また、いままで見たことがないものを想像している場合もある。

たとえば、家の話をしているとき、相手の目が上向きに動いたら、過去に見たことのある家や、想像上の理想の家をイメージしている可能性が高いのだ。

いっぽう、下向きに動いたときは、自分が歩いているときなどの身体的なイメージや、聴覚に関するイメージを想起《そうき》していることが多い。これらは、多くの臨床例からわかってきたことだ。

また、数学の問題など、抽象《ちゅうしょう》的な問題を考えるとき、目をつぶる人がいるが、これは抽象的な思考が苦手なことのあらわれといえる。性格的には、理屈で説得するよりも、現物を見せたほうが話が早いタイプだ。

目が心理状態をあらわすのは、その動きだけではない。興味あるものを見たときの表情を「瞳を輝かせる」と表現するが、これは比喩《ひゆ》ではなく、本当の話である。

興味あるものを見たとき、人間の瞳は明らかに大きくなる。それだけ目が輝いて見えるわけで、好きな人やものを見るとき目がキラキラするのは事実なのだ。それに注目しても、相手がこちらの話に興味をもっているか、退屈しているかを見抜くことができる。

口の表情で自分に対する気持ちがわかる

顔のなかで、目と並んでよく動くのは口である。言葉が出る場所であり、口を開けたり閉じたりといった動きは、ひじょうにわかりやすい。だから、口の動きからも、相手の性格や心理を見抜くことができる。

たとえば、人は何かに真剣に取り組むとき、口を真一文字に結ぶ。これは、口の筋肉を緊張させることで、脳の大脳皮質《ひしつ》を刺激しようとするためだ。口をきゅっと結んでいる相手は、かなりの決意を秘めていると考えていい。

会話中、相手が口をゆるく閉じているようなら、こちらの話をよく聞いていると見ていい。口を真一文字に結んだときよりは、精神的にリラックスしていて、相手の話を受け入れる気持ちの余裕がある。そういうときに、相手の気持ちを逃《のが》さず、どんどん伝えたいことを話せばいい。

また、口をとがらせているのは、こちらにたいする攻撃性のサインである。

口に手をやる動作からも、いろいろなことがわかる。会話中、手で口を隠すようにして話すのは、本心を読まれまいとする気持ちのあらわれといえ、こちらにたいして、警戒心を抱《いだ》いていることが多い。

また、唇には性的な意味合いもあって、男性との会話中、手で口を隠そうとする女性は、性的な欲望を隠そうとしていると見ることができる。とくに、内気で本当はエッチな女性ほど、こうしたしぐさが多くなる。

口紅の色から、女性がどういう性格かを読みとることもできる。

最近の若い女性には、ナチュラルなメイクを好む人が多く、派手な色の口紅は避けられる傾向にある。そうしたなかで濃い色の口紅をつけるのは、そうとう自己主張が強いと見ていい。

自己主張の強い女性にとっては、化粧はしていることがわからなければ意味がない。そのため、口紅もちゃんと塗っていることがわかるように、

濃い色を選ぶ傾向が強くなるのだ。

頭の動作から心の内を知る方法

考えごとをするとき眉間《みけん》を指で押さえたり、忘れたことを思い出そうとするとき頭を叩《たた》いたりと、日常生活で頭に手をやる機会は多い。

実際、人間の行動例を数千例集めて分析・研究したイギリスのデズモンド・モリスによると、人間のボディタッチのなかで、もっとも多いのは頭であり、その割合は、半分以上にのぼるという。

モリスの研究によると、頭にどうタッチ

するかで、その人の性格や心理をある程度見抜くことができるという。

たとえば、「頭をかく」という動作である。これは、失敗したときに見られる動作であり、困惑《こんわく》、自己嫌悪《けんお》といった心理がひそんでいると見ていい。また、髪をなでるのは、何かを深く考えているときや、心配ごとがあるときが多い。とくに、精神が緊張していると、髪の毛に手がいきやすくなる。

また、会話中は、ふつうは相手の顔を見て話すため、頭はまっすぐに保たれているものだ。それなのに、頭が下がってきたら、それは会話を打ち切りたがっているサインと見ていい。

おじぎのときの頭の下げ方からも、その人の性格を見抜くことができる。ふつうは、頭をまっすぐ下げておじぎをするが、たまに小首を傾《かし》げるようにおじぎをする人がいる。

子どもがよくするやり方だが、これはまだ社会性に乏《とぼ》しく、きちんとしたおじぎができないためである。大人になっても、そうしたおじぎをするのは、精神的に幼稚《ようち》であることを意味している。

また、机の上にひじをつけ、腕をつっかい棒にして頭を支えるポーズがある。仕事中や喫茶店など、いろいろな場面で目にするポーズで、いっけん何かを考えている姿勢にも見える。

だが、このポーズには、もっと違う意味もひそんでいるという。その姿勢は、抱擁《ほうよう》の代償《だいしょう》行為であり、手を顔や頭にもってくることで、誰かに抱擁され、なぐさめられたいという欲求を満たしているという。

あごから相手の主張を読みとるには

あごは、顔のなかでも人に与える印象が強いところである。

あごが大きな男性は、意志が強そうに見えるし、あごが細い男性は貧相《ひんそう》な印象を与える。女性でも、あごの大きい人はあねご肌に、細い人はおとなしく見えるものだ。

人相占いでも、「あごが細い人は神経質」といわれるが、その人の心理状態を見抜くには、その形以上に動きに注目するといい。あごの動きは、その人が相手にたいしてどのような気持ちを抱いているかを見抜く、格好の目安になるのだ。

たとえば、あごを突き出すようなポーズは、相手にたいして強気な態度でいると見ていい。「人をあごで使う」という言葉があるが、あごをしゃくるポーズは、他人が自分の思いどおりに動くのが当然と思っていることのサインだ。

また、あごを突き出すと、顔が上を向き、人を見下すような視線になる。ここからも、あごを突き出す人が、相手を見下していることがわかる。いつもあごを突き出している人は、そうとう強烈な自己主張の持ち主といえる。

ふだんはそうでもないのに、突然あごを前に出して話すようになると、興奮状態にあることのサインだ。

もともとあごを突き出すのは、攻撃欲求のあらわれであり、いっけんにこやかな表情をしていても、あごが前に出てきているようなら、その人は内心に怒りや屈辱感《くつじょくかん》を秘めているなど、興奮状態にあると考えていい。

もっとも、日本人の場合は、怒るとあごを引く人もいる。

あごを引いて、攻撃欲求を隠そうとするのである。あごを引くと、そのぶん顔が下を向く。視線は下から上に向けて、じろっとにらむ格好になる。怒りをストレートにあらわせない日本人に、典型的に見られるポーズである。

ちなみに、ふつうの状態であごを引くのは、相手にたいする恭順《きょうじゅん》のあらわれ。たとえば、直立不動の姿勢をしたとき、あごはやや引いた形になるが、これは相手にたいして絶対服従を示すポーズといえる。

最近のスポーツ選手は、あごひげを生やす人が増えているが、あごにひげを生やす人は、あごをより強調しようとしているわけで、自己主張のあらわれといえる。

ただし、ひげの助けでも借りなければ、十分な自己主張ができないわけで、本当は個性に乏しい人といえなくもない。

手の動きでウソを見抜ける

人間の体のなかで、もっとも自由に動くのは手。何かを伝えようとするとき、自然と手の動きが大きくなるのは、誰でも経験しているだろう。ほかにも、両手を広げたり、こぶしを握りしめたりと、そのときの感情によって、手はさまざまな表情を見せる。

それだけに、手の動きは、その人がいま何を考えているかを見抜く絶好の観察ポイントになる。

たとえば、ウソをついているとき、手の動きがふだんより少なくなることが、アメリカの実験で確かめられている。ウソをつくとき、人は不自然な手ぶりによって、ウソがばれることを恐れる。そのため、手をポケットに入れたり、いっぽうの手でもういっぽうの手を握ったりすることが増えるのだ。

また、手で顔をさわる動作も、大きな観察ポイントだ。何か失敗をしたとき、「しまった」というように口をさわるのはよくある行為だが、ウソをついているときにも、似たような行動をとる人がいる。ただし、露骨に口を押さえるとウソがばれるので、口以外の場所をさわるケースもある。

口以外では、鼻をさわる人が多いが、これは鼻をさわることで、同時に口を隠そうという心理が働くためだという。また、デズモンド・モリスによると、人はウソをつくとき、どうしても緊張するが、その緊張から鼻がかゆくなり、鼻をさわる人が増えるという。

ウソ以外にも、人は手ぶりによって、いろいろな心理状態を表に出している。モリスによると、手のひらを上に向け、指をわずかに曲げるような動きは、人の気持ちをつかみたいが、思うようにいかない気持ちをあらわしているという。

また、こぶしを強く握る男性は、優柔不断であることが多い。優柔不断であることを隠し、決断力がある人間であるように見せるため、わざと握りこぶしをつくるのだ。また、何かを説明するとき、指を立てて話す人は、自分の知性に自信をもっている人が多いという。

腕組みポーズの表す心理とは

怒ったポーズというと、両腕を胸の前で組む姿勢が思い浮かぶ。これは、腕には力や強さを象徴する意味があり、それを強調して見せたいという意識が働くためである。

この腕組みのポーズを、とくに怒っているわけでもないのにする人がいる。会議などでふつうに話しているにもかかわらず、腕を組んでいるといったケースだ。

じつは、そこにもその人の性格や心理状態があらわれている。

そういう場合、胸の前で組むというのは、自分のまわりに垣根《かきね》をつくっていることを意味する。つまり、腕から内側は自分のなわばりであり、相手をそのなかには入れさせないという気持ちが込められていると考えられるのだ。

もちろん、そういう人は、他人の話を聞き入れようとはしていない。黙って聞いているから、納得しているのかと思ったら、頭のなかには否定的な意見が渦巻《うずま》いていることが多い。

もっとも、腕組みのポーズが、つねに拒否の姿勢を示すとはかぎらない。たとえば、腕組みしているが、こちらの話を笑顔でうなずきながら聞いているような場合だ。

このときの腕組みは、話し手にたいして、自分の力を誇示《こじ》しながらも、いくぶん上の立場から賛意《さんい》を示していると見ていい。

「よしよし、なかなかいいことをいうじゃないか」という感じである。

一人の人が腕組みをしているときには、ほかの人とのコミュニケーションを拒絶し、一人でいたい気持ちをあらわしている。また、「腕組みして考える」という表現があるくらいで、人は深い思索《しさく》にふけりたいときにも、腕を組む。これも、人とのコミュニケーションを拒否し、静かに一人で思考に没頭《ぼっとう》したいという気持ちのあらわれだ。

相手と正面から向き合わず、斜《なな》めに構えて行なう腕組みは、相手にたいする皮肉な気持ちをあらわしている。こちらの話にたいし、批判的な見方をしているときに使われるポーズである。

女性が腕組みする場合は、男性とは違った意味をもってくる。

まず、女性が胸の上で固く腕組みしている場合は、男性への警戒心を意味していることが多い。「私に近づかないで」というサインであり、目の前でこのポーズをされたら、慣れ慣れしい態度はしないほうがいい。肘鉄《ひじ》を食うのがオチである。

逆に、胸の下から、胸を支えるようにゆ

ったりと腕を組んでいる場合は、バストを強調したいという意識が働いている。これは、男性にたいする性的アピールであり、男性からの誘いを待っている可能性が高いといえる。

肩の様子で相手の性格を知るには

肩は、髪の毛や頭にくらべると、そう目立つ場所ではない。ふだんは洋服で隠しているし、腕と体の連結部にすぎないというイメージがある。

だが、そのいっぽうで、「肩ひじ張る」「肩をいからす」「肩をすぼめる」など、肩にまつわる慣用表現は数多い。意外に、肩は表情豊かな部分であり、その動きは人間のさまざまな心理状態を反映する。

まず、肩を見る前に知っておきたいのは、肩が男性の尊厳と大きくかかわってきたことである。西洋では、官職や階級をあらわす肩章を制服や礼服の肩につける。日本でも昔は、武士が肩に裃《かみしも》をつけ、肩にボリュームをもたせてその権威を強調しようとした。

現代でも、肩をいからせて街を歩いたり、肩に上着をかけて歩く男性がいるが、これも肩を強調することで、男らしさをアピールしていると考えられる。また、キャリアウーマンが肩パッドの入った服を着るのも、男性と伍《ご》して働くため、肩のラインを強調しようとしているためと考えられる。

さらに近年は、電車内などで「肩がぶつかった！」と暴行をふるう事件が頻発《ひんぱつ》している。殺人事件に発展することさえあるが、これも肩が男の尊厳にかかわる部分であることを無意識に感じているため、それを侵《おか》されると、必要以上の報復《ほうふく》に出てしまうのだと考えることもできる。

さて、肩を見るときには、まず肩をぐっと張っている人は、メンツにこだわる人、責任感の強い人と考えていい。逆に、肩を前かがみに落としている人は、責任の重さに耐えられない状態をあらわしている。

相手にたいして負い目や受け身の気持ちがあるときは、肩を斜《なな》めにして相手に向き合う傾向がある。「斜《しゃ》に構える」という言葉があるが、肩を斜めにする姿勢には、相手の話を正面から受け止めず、受け流したい気持ちが隠されている。

カップルで、男性が女性の肩に手を回していることがある。これは、女性が男性に心を許している証拠で、二人の親密度は相当高いと見ていい。

また、男性が男性の肩に手を置くのは、相手を仲間と思っているサインである。たとえば、「元気でやっているか」と、友人の肩に手をやるのは、握手を求める以上に深い親しみの感情がこもっている行動である。

腰を観察して相手の思惑を読む方法

日本の慣用句には、「腰が低い」「腰が軽い」「腰が引ける」と、腰を使った表現が数多くある。

いずれも、その人の性格や心理状態をあらわした言葉であり、それだけ腰と人間心理には、深い関係があるといえる。実際、腰の動きに注目すると、相手の気持ちをかなり読みとることができる。

たとえば、あいさつのときの腰の角度である。

新入社員用のマナー集には、あいさつをするときの腰の角度は、「深い敬意をあらわすときは九〇度、軽い敬意をあらわすときは四五度、ふだんのあいさつは三〇度」とある。腰を深く曲げるほど、相手にたいする敬意も深くなるわけだ。

事実、相手に敬意を払っているときは、自然と腰が深く折れ、ていねいなあいさつになるものだ。逆に、腰をほとんど曲げずにあいさつする人は、言葉はどんなに丁《てい》重《ちょう》でも、本心では敬意を払っていないと見ていい。

動物でも、腰を低くするのは、相手にたいする服従のサインであり、防御の姿勢である。相手が自分より格上と思ったとき、腰を低くし、深く折るのは、動物的な本能といえるのだ。同じ理由から、腰を落として歩く人は、自分を守ろうとする防衛意識の強い人といえる。

また、人を待っているときなど、腰に手を当てて立っている人がいるが、これは心も体も準備が整っていることを示している。相手がいつきても大丈夫というわけで、心身ともに充実している状態と見ていい。

しかし、腰に手をやっていても、ポケットに手を入れている場合は、意味が違ってくる。ズボンのポケットに手を入れると、自分の体に薄布一枚を通してさわることができる。そうすることで、緊張感をほぐそうとしていると考えられる。

　また男性で、人と話すときにポケットではなく、ベルトに親指をかける人がいる。このポーズには、自分の性器を誇示したいという心理が働いている。相手を威圧する気持ちや、女性相手なら口説きたいという気持ちのあらわれである。

　座るときの腰の動きからも、相手の心理状態を見抜ける。たとえば、初対面にもかかわらず、どっかと腰をおろし、体全体を投げだすように座る人がいる。そういう人は、図々しいとか、くつろいでいるというより、心のなかに不安を秘

めていることが多い。その不安を隠すために、わざと横柄《おうへい》にくつろいだ格好をするのである。

　いっぽう、背筋を伸ばした姿勢で腰を深くおろす人は、相手にたいして優位に立ちたがっていることを示す。逆に、椅子に浅く座る人は、いつでも逃げだせる準備をしているわけで、相手にたいして強い劣等感《れっとうかん》があり、余裕がない心理状態をあらわしていると見ていい。

知らず知らずに脚に表れる心理とは

　人と話すときに、相手の脚《あし》を見ている人はあまりいない。逆にいうと、人は話すと

き、表情や手の動きには気をつかっている人でも、脚にまでは気が回っていないものだ。そのぶん、脚には人間の本音が無防備にあらわれるといえる。

たとえば、座っているとき、脚をガタガタ動かして貧乏揺すりをする人は、不安を抱えているケースが多い。

人は、不安や焦《あせ》りを感じたとき、小さな刺激をくり返し受けると、精神的な緊張がやわらぐ。それが、無意識のうちに貧乏揺すりとなってあらわれるのだ。指でテーブルをコツコツ叩《たた》いてもいいのだが、それだと人目につきやすい。そこで、目立たないテーブルの下で脚をガタガタ動かすのである。とくに、人目を気にする人に、よく見られるクセだ。

アメリカの心理学者ロバート・ソマーによると、貧乏揺すりは、相手にたいする拒否のあらわれでもあるという。人は、他人に必要以上に心のなかに入り込まれたり、体の近くに寄られると不安になる。それが、脚やつま先を動かす貧乏揺すりとなってあらわれるという。

脚の組み方からも、心理状態を読むことができる。とくに、女性の場合、心理状態と脚の組み方は深く関係している。

まず、脚を深く組んで座る女性は、自己防衛心が強く、周囲を拒絶しようという心理状態にある。女性がそういう姿勢で座ったときは、男性からの誘いに乗る可能性はまずないと見ていい。両脚をしっかり閉じている女性も、男性を拒絶する気持ちが強い。

逆に、脚を強調するように組んでいる女

性は、男性からの誘いを待っている。声をかけるなら、このタイプが成功する確率は高い。脚を組まず、両脚を軽く開いた状態で座っている人も、男性にたいして開放的である場合が多い。とくに、脚を左右に動かしている人は、その傾向が強い。

家族や同じグループのなかで、誰がいちばん力をもっているかを知るのにも、脚を見るのは効果的である。

『ボディ・ランゲージ』の著者J・ファストによると、母親の力が強い家庭では、母親が脚を組むと、その夫も脚を組み、やがて子どももも組むようになるという。人は、無意識のうちに、その集団でもっとも力を握っている人間と、同じような行動をとるわけだ。

いっけん、夫が主導権を握っているような家庭でも、もし奥さんのほうが先に脚を組み、夫がそれに習うようなら、その家のボスはじつは奥さんと見ていい。

ヘアスタイルに表れる意外な心理

髪の毛は、人間の体のなかでも、目立つ部分の一つ。短くしたり長くしたり、色を染めたり、パーマをかけたりと、変化をつけて個性を演出しやすい。それだけに、ヘアスタイルに注目すれば、その人の性格や心理状態を見抜くこともできる。

たとえば、いつも雑誌などで研究して、流行のヘアスタイルをしている人がいるが、こういう人は、環境への適応力が強いといえる。

ファッション雑誌では、流行の服や小

物、ヘアスタイルなどを頻繁《ひんぱん》に紹介している。それを見てまねる人でも、ふつうは小物や服ですませる。それなら似合わなければ、身につけるのをやめればいい。

だが、ヘアスタイルとなると、いったん切った髪は元にもどらない。新しいヘアスタイルにするのは、勇気が必要であり、リスクをともなうことだ。

それなのに、次々と流行のヘアスタイルに挑戦するのは、「とにかく流行に敏感でありたい」という思いが人一倍強いため。それだけ、流行への適応力が強いといえる。

いっぽう、流行とは関係なく、ヘアスタイルをよく変える人は、人の意見に左右されやすい人と見ていい。そのヘアスタイルが似合っているかどうかは、なかなか自分では判断できないものだ。鏡を見て正面からの感じはわかっても、横や後ろからの雰囲気はつかめない。どうしても、人の意見を求めることが多くなる。

というわけで、ころころとヘアスタイルを変える人は、他人の意見に流されている場合が少なくないのだ。自分の決定にあまり自信がもてない性格の持ち主ということができる。

また、必要以上に美容院に通いつめる女性は、愛に飢《う》えているという見方もある。

一般生活のなかでは、女性が人に髪をさわらせるのは、そうとう親密な相手にだけ許す行為。美容院では他人に髪をさわられるわけで、そこに愛の代償を求めている可能性があるわけだ。実際、ストレスがたまると、美容院に行くという女性は少なくない。

また、髪をどう扱うかには、性的なサインが隠されているという見方もある。たとえば、女性が結んでいる髪をほどくのは、着物の帯をほどくのと同じ意味だという。もし、男性の目の前で女性が髪をほどいたら、彼女は性的な関心をもっていると考えられるのだ。

もちろん、ヘアスタイルは、職業との結びつきも深い。銀行マンなら七三分け、業界人ならやや長めの髪を明るく染めるといったイメージがある。そうしたイメージに忠実なヘアスタイルをしている人は、職場への帰属意識が高いと見ていい。

いい大人が髪を染めるのは、ふつうはチャランポランな人間という印象があるが、ファッション業界などでは、むしろそれが当たり前であり、いわば制服のようなものになっている。そんな場合、髪を染めることは、それだけ仕事にまじめに取り組んでいることの証拠になるわけだ。

眠るときのポーズから性格と心理を見抜く法

出張したときなど、同僚や上司と同じ部屋に泊まるのは、けっこう気を使うものだ。とくに、いびきや歯ぎしりのうるさい人だったら、最悪である。だが、眠る姿勢から、相手の性格や心理が見抜けることを知っていれば、そんな一夜も楽しいものになるかもしれない。

精神分析医のサミュエル・ダンケンは、多くの臨床例をもとにして寝姿から患者の性格や心理状態がわかることを発見した。

ここでは、その一部を紹介してみよう。

胎児《たいじ》のように体を丸め、横を向いて眠る人は、殻《から》にこもって素《す》の自分をさらけだすのを嫌う人である。そのいっぽうで、誰かに保護されることを望み、大人になってからも人に依存する傾向が強い。

膝《ひざ》をすこし曲げて、横を向いて眠るのは、バランスのとれた安定した人柄の人に多い。多少のトラブルもストレスにならず、問題解決がうまい人である。

横向きで、膝を離し、くるぶしを重ねて眠る人は、人間関係などで悩みを抱いている人が多い。睡眠中のくるぶしの交差は、何か不安があることを示し、人間関係や職場のトラブルなどで悩んでいる可能性が高いことのあらわれだという。

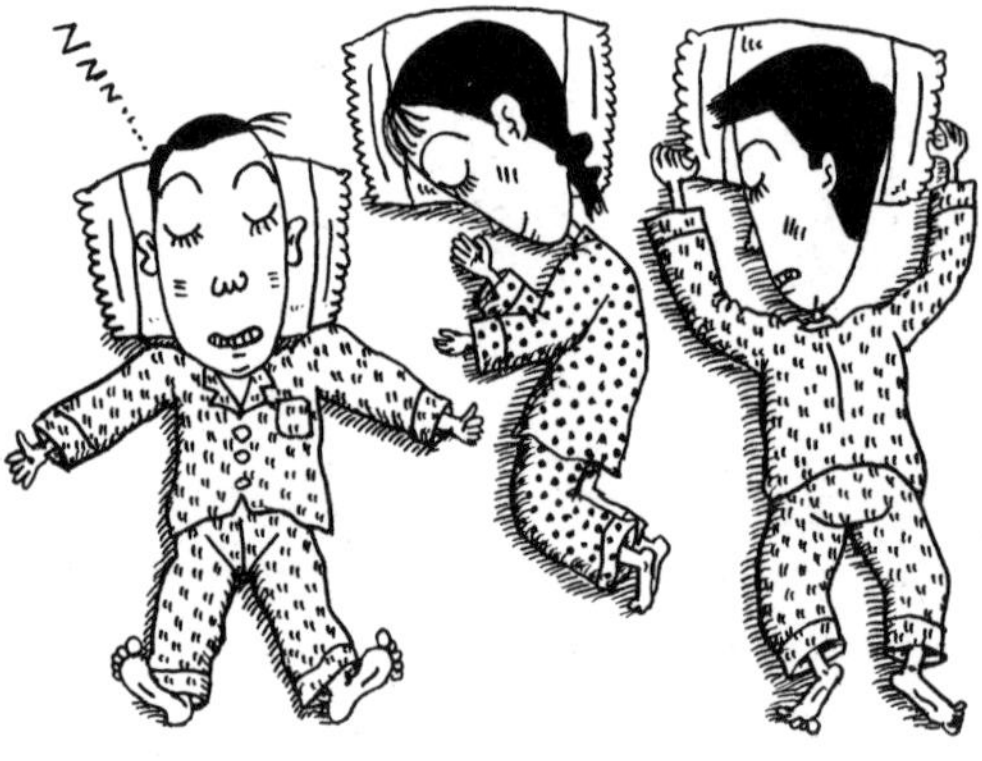

うつ伏《ぶ》せで眠る人は、いろいろな出来事をすべて自分で処理したいと考える人。几帳面《きちょうめん》で、よけいなトラブルが起こらないよう、事前の注意にもぬかりがない。口やかましいところはあるが、責任感が強い。

仰向《あおむ》けで大の字になって眠る人は、自信

があって安定した人格の持ち主である。親の愛情をたっぷり浴びて育った人に多いという。

女性のメイクから自意識を読みとれる！

街中や職場へ行くとき、ノーメイクという女性はごく少数派だ。岩男壽美子博士らが行なった調査によると、一八歳から四四歳までの女性で、メイクをしない人は四％しかいなかった。

また、別の調査によると、一八歳から二五歳の若い女性が鏡の前に座る〝滞在時間〟は、一日平均二二・四分。もちろん、この時間の大半はメイクに費やされる。

それほど、女性と関係の深いメイクだけに、どのようなメイクをしているかから、女性の心理状態を読みとることもできる。

岩男博士らは、その女性が「人から見られている自分を意識しやすいか」を基準にして、女性のメイクにたいする意識を四グループに分けている。

「意識しない」人は、「メイク無関心派」である。化粧をしなくても平気で、性格的には内向的な人に多い。

いっぽう、意識しやすい人のなかで、「化粧した顔に自信がない」人は「メイク気おくれ派」。メイクするといっても、ナチュラルメイク程度で、いつもと違うメイクをすることや、派手なメイクには抵抗感がある。

意識しやすい人のなかで、「化粧した顔に自信がある」人で、かつ「素顔に自信がない」人は「メイク防衛派」に分類される。メイクで素顔を防衛しているわけだ。仕事をもつ女性や中年女性に多く、メイクをするのは女性にとって、大事なマナーと考えている。

化粧した顔に自信があり、「素顔にも自信がある」人は「メイク演出派」。若い女性に多く、TPOでメイクを変えたり、外国製の化粧品を好むなど、メイクを積極的に楽しむタイプだ。

というような具合に、自分の顔やメイクにたいする意識によって、メイクの仕方も異なってくるわけだ。

逆にいえば、メイクの仕方を見れば、その人の自分の顔やメイクにたいする意識を見抜くことができる。そんな目で女性を見れば、見慣れた顔からも、違った〝表情〟が見えてくるだろう。

愛車でズバリわかる持ち主の性格

職場では、地味で目立たない同僚。しかし、彼の愛車はド派手なスポーツカーなんてことがある。

そんな場合、彼の職場での地味なイメージは仮の姿であり、本当は流行に敏感な目立ちたがり屋の性格と思ったほうがいい。その人の車には、性格がはっきりあらわれていることが多いのだ。

アメリカの精神分析家J・ローゼンバウムは、運転している車とその人の性格には、大きな関連性があると述べている。

「車は乗る人のパーソナリティーを延長させたもの」であり、車を見れば、持ち主の性格がわかるというのである。ローゼンバウムが唱える車種と性格の関係は、以下のようなものだ。

まず、ファミリーカーに乗る人は、恐妻家《きょうさいか》で妻の意見を重視する傾向が強い。小型車に乗る人は、自分自身をわきまえているおとなしい性格の持ち主である。ただし、他人にたいする依頼心は強い傾向がある。

一般に、燃費のよい車を選ぶ人には、自分に自信がない人が多い。とくに平凡な女性に多く、男性でこれを選ぶ人は、世間から目立つことを嫌う傾向にある。

流行車を好む人は、冒険家で好奇心が強い性格で、目立ちたがり屋が多い。スポーツカーに乗るのは、人生を楽しみたいと思っている人で、人一倍自由を求める気持ちが強い。

4WDに乗る人は、いま自分がいる場所から抜けだそうとしていて、欲求不満がたまっている可能性がある。ワゴン車に乗る人は、外向的な性格で、人や動物を好む。社交的で、近所づきあいにも協力的な人が多い。

分不相応に高級な大型車に乗る人は、自分に自信がない人だ。他人が自分をどう見ているかをたえず気にしており、社会からはみだしやすいタイプでもある。

逆に、社会的地位が高く、経済的ゆとり

があって大型車に乗っている人は、保守的な考え方の持ち主といえる。

また、車種に関係なく、車のなかにぬいぐるみを置いたり、アクセサリーで飾りたてる人がいる。こういう人は、自己顕示欲が強い傾向がある。

＊　＊

ここまで、数々の〝人を操る手管〟を紹介してきた。味方を増やすため使うのもよし。自己防衛のために使うのもよし。本書を読み終えたいま、すべての人間関係は、あなたの手の中にあるのも同然だろう。

※本書は、河出書房新社から刊行された『ワルの心理学』『ワルの恋愛学』（いずれもＫＡＷＡＤＥ夢文庫）を再編集したものです。

またまたワルの知恵本

二〇〇五年 三 月二五日 初版発行
二〇〇五年 四 月二〇日 2刷発行

著 者…………人生の達人研究会［編］
企画・編集……夢の設計社
東京都新宿区山吹町二六一 〒162-0801
☎〇三-三二六七-七八五一（編集）

発行者…………若森繁男
発行所…………河出書房新社
東京都渋谷区千駄ヶ谷二-三二-二 〒151-0051
☎〇三-三四〇四-一二〇一（営業）
http://www.kawade.co.jp/

印刷・製本……中央精版印刷株式会社

Printed in Japan ISBN4-309-65014-7
定価は表紙に表示してあります。
落丁本・乱丁本はおとりかえいたします。

人生の達人研究会
世知辛い世の中をいかに賢く世渡りするか、複雑な人間関係の海をどう遊泳するか、生きがいをもって心豊かに生きるには…など、充実した人生を送るための情報交換を行なっているグループ。さまざまな職業の、価値観を異にするメンバーからなる。著書には『ワルの知恵本』（共著）などがある。